ローマの教会巡礼ガイド

ECCLESIARVM ROMANARVM DESCRIPTIO

髙久 充 著

はじめに

　ローマの街の魅力は実にたくさんあるけれども、私にとっての最大の魅力はやはり歴史の重みである。その中でも、とりわけ古代ローマの遺産とキリスト教の遺産は、他のヨーロッパ主要都市をしのぐローマ独特の魅力であると思う。

　ローマの街のあちこちで古代ローマの遺産に出会うことができる。古代ローマの政治の中心フォーロ・ロマーノ、宗教の中心カンピドーリオ、巨大なコロッセオ、ネロ帝の黄金宮殿、カラカラ帝やディオクレティアヌス帝の共同浴場、セルウィウスの市壁にアウレリアヌスの市壁、コンスタンティヌス帝の凱旋門などなど。中心部だけでなく、外縁部、さらにはアッピア街道のように郊外にも数多く遺跡が残っている。遺跡なしのローマなど、とても考えられない。

　古代ローマ時代がローマの歴史の最初の千年余りを占めるとすれば、キリスト教時代は今からさかのぼって二千年の歴史を持つ。もちろん、キリスト教の歴史の最初の数世紀は、古代ローマの歴史と重なっている。そして、キリスト教の遺産は現代まで続くので、残っているものも古代遺跡に比べてはるかに多い。遺跡なしのローマは考えられないが、それ以上に、キリスト教の遺産がなかったとすれば、ローマはローマでなくなってしまう。

　キリスト教の二千年にわたる歴史の遺産の最たるものが教会である。単に建築だけではなく、教会内部を飾る美術作品、音楽、典礼など、教会の建物に関わる一切を含めた総合的な芸術である。信者であるかどうかにかかわらず、教会はローマ観光の要となっている。代表的な教会を見ずしてはローマを見たとは言えないだろう。

　教会建築の成り立ちはそれぞれ違っている。古くは信者や聖職者が自分の家を礼拝のために提供した家庭教会（日本にもかつて家御堂というものがあった）があり、キリスト教公認後はローマ皇帝などによる教会建設が相次い

だ。歴代のローマ教皇は教会を創建し、再建し、改装し、修復してきた。高位聖職者が、司祭が、修道会が、聖人が、裕福な市民が、信者の団体が、それぞれ教会を建ててきた。

　様式もそれぞれ違う。古代の初期キリスト教時代の様式のまま現代に至った教会、ローマ・ビザンツと呼ばれる中世初期の様式の教会、アルカイックな美しさのロマネスクの教会、数は少ないけれどもゴティック教会、均整のとれたルネサンス教会、ローマの教会建築のスタンダードとも言えるバロックの教会、19世紀のネオ・ロマネスクやネオ・ゴティックの教会、そして現代の教会。実に多くの様式の教会がある。いくつもの様式が、時に調和して、時には緊張関係をもって、同じ教会の中に共存していることもある。

　教会芸術は実に豊かだが、しかし、見る者にある種の準備を必要とする。美しい絵を見ても、何が描かれているか分からなければ、その魅力は半減してしまう。その背景が分かってこそ、対象をしっかりと味わうことができる。もちろん、無数にある芸術作品のすべてについて知ることは難しい。それでも、その中の特に重要なものについて知るだけでも、見方が大きく違ってくるのではないだろうか。

　本書では、71の項目で、77の教会と5のカタコンベを紹介している。知名度のあまり高くない教会もいくつか混じっているが、ローマに千以上あるとされる教会の中でも、特に興味深い教会、一般に観光や巡礼で訪れる可能性の高い教会を選んだつもりである。訪れてもいつも閉まっているような教会は避けた。

　教会が開いている時間はまちまちである。毎日開いている教会でも、午前のみ、夕方のみという場合もある。朝早くから開くところもあれば、10時くらいにならないと開かないところもある。四大聖堂のような特に大きな教会以外、通常昼休みがある。おおむね12時頃に閉まり、16時くらいから開きだす教会が多いが、場所によってかなり時間が前後するので注意したい。夕方閉まる時間も18時前後が多いが、これも教会によってかなり違う。

はじめに

　各教会の紹介では、一部の例外を除いて、なるべく一般に公開されているものについて述べている。ただし、紹介しているものでも、時々しか開けてくれない場合もあるし、公開されているスペースから眺めることはできても、近づけなくて詳細を見ることができない場合もある。芸術作品などの置かれている場所が変わることもある。まだまだ分かっていないこと、いろいろな説があってまだ解決していない問題も多い。今後新しい発見があったり、研究の進展によって解釈が変わっていく可能性があることもお断りしておく。

　教会に限らずローマで注意したいのは、修復が行われていることも多いということである。いったん修復が始まると、何年も、時には10年以上も公開されないことがある。

　それぞれの教会について現地調査をしてできるだけ正確を期しているけれども、詳細を確認できない場合もあり、若干の異同や間違いもあるかもしれない。お気づきの点があれば、指摘していただけるとありがたい。

　名前等の表記について断っておく。教皇名は基本的にラテン名で記すが、近年の教皇に限ってヨハネ・パウロ2世のように慣例に従って表記している。ラテン語の「V」の発音は古代には「ウ」であったが、教皇名や聖人名に限って中世以降の「ヴ」を採用している。

　ローマに関するガイドブックは種々あるが、個別の教会の専門的研究は別として、より深くローマの教会を紹介した本は日本にはあまりない。外交官の小畑紘一氏による『ローマの教会巡り』誠文堂新光社、1991年は絶版になって久しい。浅香正監修『特集ローマ古寺巡礼』、「季刊文化遺産17」、(財)島根県並河萬里写真財団、2004年は古代史の専門家などが執筆し、18の教会を紹介しているが、こちらもすでに絶版となっているようだ。

　イタリア語の参考文献について以下数冊だけ挙げておく。これら以外にも多く文献を参照したが、瑣末になるので全部は挙げない。他に現地調査での情報もあるし、知り得た新発見や新知見もなるべく反映させている。

- *Basiliche e catacombe di Roma*, a cura di Gianni Rizzoni, Milano 1999.
- Bonfiglio Alessandro, *Presenza e attrazione del culto martiriale nei tituli romani* in Rivista di Archeologia Cristiana 86(2010), 195-242.
- Colonna Pierluigi, *Le antiche chiese di Roma*, Roma 2001.
- Lombardi Feruccio, *Roma : chiese, conventi, chiostri progetto per un inventario 313-1925*, Roma 1993.
- Rendina Claudio, *Le chiese di Roma*, Roma 2004.
- *Roma*, a cura di Touring Club Italiano, Milano ^{9}1999.
- Zeppegno Luciano - MATTONELLI Roberto, *Le chiese di Roma*, Roma 2000.

目　次

はじめに　3

ローマの歴史　11

 1．古代ローマ　12
 2．イエス・キリストの生涯　14
 3．教会の歴史　18

第1章　四大聖堂と七巡礼教会、カタコンベ　25

 1．サン・ピエトロ　26
 2．サン・ジョヴァンニ・イン・ラテラノ　37
 3．サン・パオロ・フオリ・レ・ムーラ　45
 4．サンタ・マリア・マッジョーレ　50
 5．サン・ロレンツォ・フオリ・レ・ムーラ　55
 6．サン・セバスティアーノ　58
 7．サンタ・クローチェ・イン・ジェルサレンメ　61
 8．カタコンベ　64

第2章　トラステヴェレ周辺の教会　79

 1．サンタ・マリア・イン・トラステヴェレ　80
 2．サン・クリゾーゴノ　85
 3．サンタ・チェチリア・イン・トラステヴェレ　88
 4．サン・フランチェスコ・ア・リパ　92
 5．サン・ベネデット・イン・ピシヌーラ　96
 6．サンタ・マリア・デッロルト　100
 7．サン・ピエトロ・イン・モントーリオ　104

第3章　ヴェネツィア広場、ポポロ広場周辺の教会　107

　1．サン・マルコ　108
　2．サンタ・マリア・イン・アラチェリ　112
　3．トラヤヌス記念柱そばの姉妹教会　117
　4．ジェズー教会　120
　5．サンティ・アポストリ　125
　6．サンタ・マリア・イン・ヴィア・ラータ　129
　7．サン・マルチェッロ　131
　8．サンティニャツィオ・ディ・ロヨラ　133
　9．サンティ・アンブロージョ・エ・カルロ・アル・コルソ　136
　10．ポポロ広場の双子教会　140
　11．サンタ・マリア・デル・ポポロ　143

第4章　コロッセオ、チェリオの丘周辺の教会　149

　1．サンタ・フランチェスカ・ロマーナ　150
　2．サンティ・コズマ・エ・ダミアーノ　153
　3．サン・クレメンテ　157
　4．サンティ・クァトロ・コロナーティ　162
　5．サント・ステファノ・ロトンド　166
　6．サンタ・マリア・イン・ドムニカ　169
　7．サンティ・ジョヴァンニ・エ・パオロ　172

第5章　パンテオン、ナヴォーナ広場周辺の教会　177

　1．パンテオン　178
　2．サンタ・マリア・ソプラ・ミネルヴァ　183
　3．マッダレーナ　188
　4．サンタニェーゼ・イン・アゴーネ　192
　5．サンタゴスティーノ　195

6．サン・ルイージ・デイ・フランチェージ　199

　　7．サンタ・マリア・デッラ・パーチェ　202

　　8．サンタンドレア・デッラ・ヴァッレ　204

　　9．サン・ロレンツォ・イン・ダマソ　208

　10．キエーザ・ヌオーヴァ　211

第6章　エスクィリーノの丘周辺 ……………………………………………………215

　　1．サンタ・プラッセーデ　216

　　2．サンタ・プデンツィアーナ　221

　　3．サン・ピエトロ・イン・ヴィンコリ　224

　　4．サン・マルティーノ・アイ・モンティ　229

　　5．マドンナ・デイ・モンティ　232

第7章　真実の口広場、アヴェンティーノの丘周辺の教会 …………………235

　　1．サンタ・マリア・イン・コズメディン　236

　　2．サン・ジョルジョ・イン・ヴェラーブロ　239

　　3．サン・ニコラ・イン・カルチェレ　242

　　4．サン・バルトロメオ・アッリゾラ　246

　　5．サンタ・サビーナ　249

　　6．サンタレッシオ　254

　　7．サンタンセルモ　257

　　8．サンタ・プリスカ　263

　　9．サン・サーバ　266

第8章　テルミニ駅、共和国広場、クィリナーレ周辺の教会 …………………269

　　1．サンタ・ビビアーナ　270

　　2．サンタ・マリア・デリ・アンジェリ　272

　　3．サンタ・スザンナ　276

　　4．サンタ・マリア・デッラ・ヴィットリア　278

5．サンタンドレア・アル・クィリナーレ　281
　6．サン・カルロ・アッレ・クァトロ・フォンターネ　283

第9章　バルベリーニ広場、スペイン階段周辺の教会　285
　1．サンタ・マリア・デッラ・コンチェツィオーネ　286
　2．サンタンドレア・デッレ・フラッテ　289
　3．サンティッシマ・トリニタ・デイ・モンティ　291

第10章　その他の地域の教会　293
　1．サン・ジョヴァンニ・ア・ポルタ・ラティーナ　294
　2．サンタニェーゼ・フオリ・レ・ムーラとサンタ・コスタンツァ　297
　3．ドミネ・クォ・ヴァディス　301
　4．トレ・フォンターネ大修道院　304
　5．ディヴィノ・アモーレ聖所記念堂　309

おわりに　312

索引　314

広域地図　316

ローマの歴史

ローマの歴史

本文中、歴史的な事項が数多く登場する。理解の助けとなるように、ローマの歴史をごく簡単に紹介する。

1. 古代ローマ

　伝説によれば、ローマ市は紀元前753年4月21日に創建された。ロムルスによるローマ創建神話がどれだけ歴史的真実を反映しているかは分からないが、パラティーノの丘の考古学調査により、紀元前8世紀にはすでにローマに有力者がいたことが分かっている。

　王政ローマは前509年まで続く。この年、ルキウス・ユニウス・ブルートゥス（カエサル暗殺の首謀者の1人マルクス・ユニウス・ブルートゥスの先祖）らが王を追放し、ローマは元老院を擁し、毎年2人の執政官（コンスル）が1年任期で国を統治する共和政を選択する。最初はローマ市周辺の小さな都市国家だったローマは、やがてイタリア半島を統一する。

　三次にわたるポエニ戦争（前3－前2世紀）で初の海外領土（属州）を獲得したローマはその後ギリシア、イベリア半島、ガリア（現フランス）、シリア・パレスティナ、北アフリカなど領土を広げていく。一方で内乱により内政は大きく混乱した。内乱を制したガイウス・ユリウス・カエサルは共和主義者らによって前44年暗殺されるが、その養子オクタウィアヌスは前27年、アウグストゥスとして元首の座に就く。共和政は終焉し、実質的な帝政が始まる。

　アウグストゥスの時代、内政も対外的にも落ち着き、ローマは安定し繁栄した。このアウグストゥスの時代にイエスは生まれている。6世紀の小ディオニュシオスの計算違いで、イエスの生誕の年と西暦の紀元が数年ずれてしまっているが。

　ティベリウス帝、ネロ帝、ドミティアヌス帝などの治世に内政は大きく混乱するが、その後1世紀末から2世紀にかけて、すなわちネルウァ帝から哲人皇帝マルクス・アウレリウス帝の時代にかけて再び繁栄期を迎え

る。特にトラヤヌス帝時代に帝国は最大領域を誇った。マルクス・アウレリウス帝の治世末期から外敵の侵入に悩まされることになる。

2世紀末から3世紀前半のセウェルス朝の時代に小康を保ったが、235年以降、軍人皇帝の時代を迎え、再びローマは混乱期となる。ディオクレティアヌス帝（本書中で何度も名前を聞くことになる）が284年皇帝となり、専制君主政と四分統治（帝国を東西に分け、それぞれに正帝と副帝を配置する）を開始し、混乱の収拾を図る。

ディオクレティアヌスの死後また内戦が起こるが、コンスタンティヌス1世が324年に単独帝となり帝国の統一に成功する。コンスタンティヌスによりローマ帝国は再び安定する。コンスタンティヌスは330年、ビュザンティオン（コンスタンティノポリス、コンスタンティノーブル）に首都を移した。その後、ローマの地位が相対的に下がってしまったことは否定できない。

コンスタンティヌスの王朝は「背教者」ユリアヌスの死後363年に途絶える。ローマ法の集成（『テオドシウス法典』）で知られるテオドシウス帝は最後の統一ローマ皇帝となった。395年のテオドシウスの死後、帝国は東西に分裂し、その後二度と戻ることはなかった。

ローマを首都とする西ローマ帝国は476年にゲルマン人の傭兵隊長オドアケルによって滅ぼされる。コンスタンティノープルを首都とする東ローマ帝国（ビザンツ帝国）はその後も命脈を保ち、1453年にオスマン・トルコのメフメト2世によって滅ぼされるまで千年以上続いた。

2. イエス・キリストの生涯

　イエスはアウグストゥス帝の治世にパレスティナ地方で生まれた。イエスの生誕や幼少期については、ルカによる福音書の冒頭で語られる。イエスの養父ヨセフは大工で、その千年ほど前にイスラエル王国の偉大な王であったダヴィデの子孫であった。ヨセフも、ヨセフの妻となる乙女マリアも、上ガリラヤ地方のナザレの人であった。

　ある時、マリアは大天使ガブリエルの訪問を受ける。大天使はこうあいさつした。「おめでとう、恵まれた方。主があなたと共におられる」。乙女は驚き怪しむ。すかさずみ使いは言う。「マリア、恐れることはない。あなたは神から恵みをいただいた」。そして乙女でありながら男の子を身ごもり、その子が偉大な人になってダヴィデの王座を引き継ぐと告げられる。この受胎告知に、マリアは「わたしは主のはしためです。お言葉どおり、この身に成りますように」と答える。神はご自分の計画に人間の同意を求められたのである。

　月が満ちた。その頃、ローマ帝国の人口調査で、すべての民は自分の出身地に帰らなければならなかった。ヘロデ大王というユダヤの王がいたが、パレスティナ地方は実質ローマ帝国の属国であり、この地方でも人口調査がなされた。ヨセフはダヴィデの家系であったので、ベツレヘムの町に行かなければならなかった。

　人口調査のために多くの人がいて、宿には泊まるところがなかった。彼らが体を休めることができる場所は、馬小屋しかなかった。その馬小屋でマリアは男の子を生んだ。子どもはイエス（イェシュア）と名付けられた。初めに羊飼いがやってきた。星に導かれて東方の占星術師（東方三博士、マギ）もやってきて、黄金と、乳香と、没薬をささげて帰っていった。その後、聖家族（イエスと両親）のエジプト逃避、ヘロデ王による幼子虐殺などのエピソードがある。

2. イエス・キリストの生涯

　イエスが12歳になった時のエルサレム訪問などを除くと、福音書はイエスの私生活についてはほとんど語らない。30歳になった時、イエスの公生活が始まる。マリアのいとこのエリサベトの子である洗礼者ヨハネから水で洗礼を受ける。シモン・ペトロやアンデレ、ヤコブやヨハネをはじめとする弟子たち（十二使徒）がイエスに呼ばれる。イエスは各地で教えを説いて巡り、そして奇跡を起こし、人々を癒やした。

　公生活を通して徐々にイエスは自分の使命を理解していったのだろう。メシアであり、神の子であるということを。メシア（ギリシア語でクリストス、すなわちキリスト）とは「油を注がれた者」という意味で、弟子たちはそれを政治的に解釈し、イエスがユダヤの王としてダヴィデの王国を再興すると信じていた。イエスが実際に語っていたのは「天の国」のことであった。弟子たちがそれに気づくのは、イエスが亡くなった後である。

　イエスの成功は保守派、特にユダヤの律法の遵守を重んずるファリサイ派の人々にとって疎（うと）ましいものであった。彼らはたびたびイエスを罠（わな）にかけようと画策している。イエスも用心して、たとえを用いて話すようになる。

　イエスの公生活は3年続いた。公生活3年目の過越（すぎこし）の季節が近づいてきた頃、イエスはエルサレムに入る。過越はユダヤ教の大きなお祭りの一つである。モーセによる出エジプトの直前、エジプトでは数々の災いが起こり、中でも人も家畜も初子がすべて死ぬという災いがあった。天使がユダヤの民の戸口に印をつけて災厄を免れさせた（過ぎ越した）ことを記念している。

　キリスト教では、イエスのエルサレム入市を受難の主日（枝の主日、棕櫚の主日）、すなわち復活祭の一週間前に祝う。復活祭前の3日間は、特に過越の聖なる3日間と呼ばれる。

　聖木曜日には最後の晩餐を記念する。イエスはパンを取って自分の体として、杯を取ってぶどう酒を自分の血として弟子たちに分け与えた。その夜、オリーヴ山で祈りをささげた後、イエスは逮捕された。まずは最高法院（サンヘドリン）で尋問され、その後ユダヤ総督ポンティオ・ピラト（ポ

15

ンティウス・ピラトゥス）のもとにつきだされる。ピラトはイエスに何の罪を見いだすこともできなかったが、イエスを死刑にしようとするユダヤ人たちに譲歩せざるを得なくなった。過越の時に罪人を1人解放する習慣があった。ピラトはイエスを解放しようとしたが、人々の反対で結局極悪人のバラバを解放せざるを得なくなった。

聖金曜日はイエスの磔刑を記念する。重い十字架を背負わされて、エルサレムの市壁外のゴルゴタの丘へ歩かされる。十字架には、王を僭称したというかどで「INRI（イェズス・ナザレヌス・レクス・ユダエオールム、ユダヤ人たちの王イエス）」とラテン語で書かれていた。イエスは2人の罪人と共に十字架につけられる。3時間の後に息を引き取った。最後の言葉は福音書によって違う。マタイとマルコでは「エリ、エリ、レマ、サバクタニ（わが神、わが神、なぜわたしをお見捨てになったのですか）」（マルコでは「エロイ、エロイ、レマ、サバクタニ」）という詩編22・2の言葉であるが、ルカでは詩編31・6の「父よ、わたしの霊を御手にゆだねます」、ヨハネでは「成し遂げられた」であった。

金曜の日没から安息日が始まる（ユダヤでは日没が一日の始まりである）。安息日にはマッチ1本擦（す）ってはいけない、何も労働と見なされることはしてはいけない。アリマタヤのヨセフという議員がイエスの遺体を引き取り、日暮れ前に急いで岩屋の中に安置した。聖金曜日は一年で1日だけミサが行われない日である。午後に典礼は行われるが、既聖ホスティア（事前に聖別されたホスティアを言う、ホスティアとはミサで使われるパンのこと）を用いる。

聖土曜日にはキリストの陰府（よみ）下りを記念し、典礼は行わない。日没とともに復活の主日が始まる。復活徹夜祭が祝われる。翌日曜には日中のミサが行われる。復活の主日はイエスの空の墓の発見、すなわちイエスの復活を記念する、キリスト教で最も重要な日である。

安息日が開け、まずは婦人たちがイエスの墓に向かった。岩でふたをしていたはずの墓は開けられ、中には何もなかった。ペトロやその他の弟子たちもそれを確認した。その後、復活したキリストはエマオでクレオパと

もう一人の弟子に現れ、エルサレムでペトロにも現れた。

　ここからは福音書は多くを語らない。使徒言行録によると、キリストは40日弟子たちと共にいて、その後、天に昇った（主の昇天）。過越から50日たった五旬祭の日、弟子たちが集まっていると、一同聖霊に満たされて、「霊」が語らせるままに、他の国々の言葉で話しだした。これが聖霊降臨祭で、この後弟子たちは各地に派遣され、イエスの教えを広めた。

3. 教会の歴史

　キリスト教会はイエスの宣教、そして特にその死と復活に始まり、聖霊降臨を経て各地に広がっていった。ローマを宣教したのはイエスの一番弟子シモン・ペトロと、元ファリサイ派で最初は迫害者であったが回心して使徒となり、多くの書簡を残したパウロである。ネロ帝の治世に二人はローマで殉教した。64年とも、67年ともされる。

　キリストの代理者として天国の鍵を受けたペトロと、キリストの信仰を確立したパウロは使徒たちの中でも特に名誉な地位を与えられている。ローマの教会はこの二人の殉教者の足跡の中に発展していく。

　ペトロはローマの初代司教であり、ペトロの後継者はキリストの代理者と見なされる。初代教会のローマ司教の多くは殉教の栄冠に飾られている。とはいえ、ローマの最初の3世紀の間、常に迫害があったわけではない。セウェルス朝の時代にはかなり寛容な時代もあったし、3世紀半ばのフィリップス・アラブス帝はキリスト教徒であった可能性がある。迫害が特に激しかったのはネロ帝、1世紀末のドミティアヌス帝、3世紀半ばのデキウス帝、そして284年から305年まで帝位にあったディオクレティアヌス帝の時代である。多くの迫害は局地的、時限的なものだったが、ディオクレティアヌスの迫害は組織的で激しいものであった。

　しかし、迫害を耐えしのんだキリスト教も、公認される時が来た。313年のいわゆるミラノ勅令で、コンスタンティヌス1世大帝はキリスト教を公認する。カイサレイアのエウセビオスなどキリスト教史家は、コンスタンティヌスがマクセンティウス帝を破ったミルウィウスの戦いでの勝利によるものだとする。

　コンスタンティヌス大帝はサン・ピエトロをはじめ、ローマに数々の教会を建てた。皇帝以外でも、ローマ司教が、裕福な信徒が、多くの教会を建てた。迫害期から存在していた家庭教会も再建された。その後、「背教

者」ユリアヌスによる一時的な揺り戻しもあるが、392 年、テオドシウス 1 世の下、キリスト教はローマ帝国の国教となる。

　テオドシウスの死後すぐにローマ帝国は分裂する。異民族の侵入が相次ぎ、内政も外政も混乱が続く。フン族のアッティラがイタリアに侵入した時、ローマ司教のレオ 1 世は説得に成功する。ローマとその周辺にしか及んでいなかった教権がその範囲を超えて及ぶようになったのは大教皇レオ 1 世の頃からである。この頃からローマ司教ではなく、正式にローマ教皇と呼ぶことができる（もちろん慣習的にはペトロからローマ教皇と呼んでいるが）。

　レオ 1 世やグレゴリウス 1 世といった聡明な教皇に恵まれ、古代末期の混乱期を教会は乗り切った。しかし、東ローマの皇帝に頼っているのでばかりでは危険すぎた。そこで、教会は新たな同盟者を見つけた。カロリング家のフランク人である。

　フランク王国は 5 世紀にすでにカトリックに改宗していた（多くのゲルマン人は異端のアレイオス派を支持していた）。カロリング家のピピン 3 世は、これまで王位にあったメロヴィング家を退けてカロリング朝フランク王国を築いた。ピピンはローマ教皇に土地を寄進したが、これが教皇領の元となった。

　ピピンの子カールは 800 年のクリスマスに教皇レオ 3 世により西ローマ皇帝の冠を受けた。カール大帝は文芸の保護でも知られ、アーヘンの宮廷を中心にカロリング・ルネサンスが花開いた。

　カロリング時代には、ローマでも教会の再建が多く行われた。カール大帝時代よりは少し後になるが、教皇ハドリアヌス 1 世やパスカリス 1 世などがとくに有名で、当時の建築では、サンタ・プラッセーデなど今も残っているものもある。カロリング様式というよりは、ローマ・ビザンツ様式であることが多いけれども。

　カール大帝の死後、フランク王国は分裂した。西フランク王国はフランスの、東フランク王国はドイツの、ロタール（中フランク）王国はイタリアの元となっている。

　9 世紀にはサラセン人（イスラーム教徒）による侵攻もあった。813 年か

ら915年までの一世紀あまり、ローマ近郊を荒らしまわった。846年にはサン・ピエトロなどアウレリアヌスの市壁外が荒らされ、レオ4世がレオの市壁という、ヴァティカンの丘周辺を囲む周壁を造るきっかけにもなった。

10世紀半ばになると東フランク王のオットー1世が有力となる。教皇ヨハネス12世はオットーを962年戴冠するが、これによって神聖ローマ帝国が成立する（この、「神聖でもない、ローマでもない、帝国でもない」と揶揄された名称がつくのは後代だが、これをもって帝国の成立とされる）。

神聖ローマ皇帝はイタリア王も兼ねることになり、教皇権と皇帝権の対立がやがて鮮明になってくる。特に大きかったのが聖職叙任権の問題であった。司教や大修道院長の任命権を教皇が持つか、皇帝が持つかで対立が深まった。

ローマ北郊外にファルファ大修道院がある。ベネディクト会大修道院で、カール大帝がローマに来る直前に滞在した場所である。ファルファ大修道院は帝国修道院となり、叙任権闘争の時代には、ローマの目と鼻の先にありながら、皇帝権擁護の先鋒であった。

1077年、教皇グレゴリウス7世は皇帝ハインリヒ4世を北イタリアのカノッサで屈服させる。その後も両権力の間で対立が続いたが、1122年のヴォルムス協約で教皇権が勝利した。叙任権は教皇側に留保されるようになった。

11世紀は改革の時期でもある。グレゴリウス7世の名を取ってグレゴリウス改革と呼ばれる一連の教会改革が行われた。この改革の成功により、教皇権は強化された。

1054年には東西教会の相互破門による完全分裂という悲しい事件も起こった。すでに両者の間では習慣上の違いが明らかになっていたが、このシスマによって両者は完全に分かれてしまった。1274年の第二リヨン公会議、15世紀のフィレンツェ公会議などで一時的に歩み寄りが見られ、現在でもエキュメニズム（教会合同運動）に向けた努力は続けられているものの、両者の分裂はいまだ解決していない。

12世紀は発展の時代である。叙任権闘争は解決し、グレゴリウス改革は軌道に乗っていた。気候も温暖で経済活動も活発になった。大開墾時代を迎えて、農地も拡大した。12世紀ルネサンスという文化的高揚もあった。

フランスなどではゴティック芸術が始まるが、ローマではロマネスク全盛期だった。ローマのほとんどの教会がこの時期再建されたと言っても過言ではない。12世紀から13世紀初めにかけてのロマネスク鐘塔は今でもローマのあちこちで見ることができる。

1198年から1216年に教皇だったのが、インノケンティウス3世である。教皇権は皇帝権をしのぎ、教皇権は太陽、皇帝権は月にたとえられた。インノケンティウス3世からボニファティウス8世（在位1294–1303年）までが教皇権の絶頂期である。しかし、衰退はすぐに訪れた。

1303年、ボニファティウス8世はフランス王フィリップ4世によって屈辱を味わわされ、怒りのあまり間もなく死んでしまう（アナーニ事件）。しかもその後、1309–77年にかけて教皇庁はフランスのアヴィニョンに移されてしまう。

シエナの聖カタリナの説得もあって、1377年に教皇庁はローマに戻るが、今度はローマとアヴィニョンに2人の教皇が誕生してしまう（大シスマ）。1409年のピサ教会会議以降は鼎立である。ピサ教皇を単一教皇とするはずが、ローマの教皇も、アヴィニョンの教皇も辞職しなかったためである。

結局コンスタンツ公会議（1414–18年）ですべての教皇を辞職させ、単一教皇であるマルティヌス5世を選出することで、大シスマは解決した。しかし、今度は公会議の決定が教皇の決定に優越するという公会議首位説が広まることになる。バーゼル公会議は公会議首位説の牙城となり、対立教皇がまたも生まれる。一方正統のエウゲニウス4世はギリシア教会との合同を模索する。合意は成立したものの、ギリシア人たちの反対ですぐに破棄され、その後1453年にビザンツ帝国は崩壊する。

ニコラウス5世やピウス2世の尽力で教皇権は何とか立ち直った。その

後、シクストゥス4世やユリウス2世などの時代には芸術家保護が広まる。前二者が修復のため教会を再建したとすれば、後二者はパトロネージのために再建した。サン・ピエトロの再建もこの時代に始まった。

　このルネサンス時代は、ドイツ傭兵らによる1527年のローマ略奪（サッコ・ディ・ローマ）以降終焉に向かう。ルターによる宗教改革に対抗し、16世紀半ばには北イタリアでトリエント公会議が開かれ、教会の刷新も行われる。

　16世紀は、建築的には後期ルネサンス時代である。サン・ピエトロの建設は続いていた。新しいトリエント体制に合致した教会建設も行われていた。そして、後期ルネサンスから発展する形でバロック様式が生まれた。

　バロック様式は瞬く間に広まった。この時期に改変を受けていない教会は少ないと言ってもいいくらい、あちらこちらで再建・改装が行われた。教皇や高位聖職者らを中心に、教会だけでなく、多くの宮殿が再建された。少し乱暴だが、ローマはバロック都市であると言っても過言ではない。ローマでのバロック様式の影響は17世紀だけでなく、18世紀後半にまで及んでいる。

　1789年に始まったフランス革命の影響はローマにも及んだ。ナポレオンは修道会を解散させた。ナポレオンの軍隊がつくった二度にわたるローマ共和国は、宗教に対する敵意をもって教会を破壊した。ナポレオンにより虜囚となった教皇ピウス6世は失意のうちにフランスで亡くなった。

　ナポレオンの失脚後のウィーン体制では旧態に復したが、1830年（7月革命）、1848年（2月革命）とフランスで革命が起こるたびに、ローマでも暴動が起こった。秘密結社カルボナリ党の活動もあった。

　イタリア統一運動（リソルジメント）により、1861年、イタリア王国が建国された。サルデーニャ（サヴォイア）王家を国王とし、暫定的にフィレンツェを首都としていた。ローマを狙っているのは明らかだった。1870年、普仏戦争でフランス軍がローマから撤退したすきを狙って、イタリア王国軍はローマに進軍した。教皇領は接収され、教皇は領土を失った。翌年、

ローマがイタリア統一王国の首都となった。

　イタリア王国首相カミッロ・カヴールの反教権政策により、イタリア全土で修道院が解散させられ、教会財産が全部国家に接収された。イタリア国内の教会は、後述するラテラノ条約で決められたもの、あるいはこの接収より後に建てられたものを除き、現在でもすべてイタリアの国有財産である。

　ローマ教皇は「ヴァティカンの囚人」として、サン・ピエトロの使徒宮殿にこもった。1929年、ファシスト政権との間にラテラノ条約が結ばれ、四大聖堂やいくつかの教会・建物、近郊のカステル・ガンドルフォの離宮などを領地とするヴァティカン市国が成立した。

　第二次世界大戦はヴァティカンにとっても大変な時期であった。ヒトラーによるユダヤ人迫害を教皇ピウス12世は批判したが、それは十分でなかったと批判されることがある。ピウス12世はナチスを過剰に刺激するのを恐れただけで、個人的にユダヤ人たちを救っていた。大戦末期には国籍不明の飛行機によってヴァティカン駅周辺が爆撃されたこともある。

　1962−65年、教会の刷新と現代化のために第二ヴァティカン公会議が開かれた。典礼の刷新も行われ、ミサにおける現代語の使用が普通になった。そして、カトリック教会は今も、第二ヴァティカン公会議の強い影響下にある。

　2005年、ポーランド出身のヨハネ・パウロ2世が亡くなり、1978年から続く長い治世が終わった。その後に教皇となったドイツのバイエルン州出身のベネディクト16世は2013年に退位し、名誉教皇となった。2013年3月13日、イタリア系南米アルゼンチン出身のフランシスコが新教皇に選ばれた。

第 1 章

四大聖堂と七巡礼教会、カタコンベ

第1章　四大聖堂と七巡礼教会、カタコンベ

1. サン・ピエトロ *San Pietro*

Piazza di San Pietro

ヴァチカンのサン・ピエトロ大聖堂前に、幅の広い大通りが通っている。コンチリアツィオーネ（和解）通りと言い、ファシスト政権時代、ムッソリーニが五千人の住民を追い出して建設した通りである。古代のローマ皇帝ハドリアヌスの霊廟を城に転用したカステル・サンタンジェ

サン・ピエトロのファサード

ロ（天使城）からまっすぐに延びている。もう一本北側の通りでは、非常時にローマ教皇がヴァチカンから避難するのに用いた秘密通路が壁の中を通っている。南側にも通りがあり、サント・スピリト病院からイエズス会の総本部の前を通る。あるいは北側のリソルジメント広場から来ても、南側のポルタ・カヴァッレッジェリ通りから来ても、サン・ピエトロ広場の、彫刻家で建築家のジャン・ロレンツォ・ベルニーニの設計した列柱廊に突き当たる。

　ベルニーニの四重の柱からなる列柱廊は、まるで人々を招き入れる腕のように、広大なサン・ピエトロ広場を囲んでいる。広場の中心には古代にエジプトからもたらされたオベリスク（尖塔）が据えられている。もともとは使徒聖ペトロが殉教したネロ帝の競技場の中心にあったものだが、16世紀の末、巡礼のための目印として、またキリスト教が異教に

ベルニーニの建設した列柱廊

26

1. サン・ピエトロ

勝利したことのシンボルとして、広場の中心に移された。

　オベリスクの左右、大理石で示されるある一点の上に立つと、四重の列柱が重なってまるで1本の柱が並んでいるように見える。これはベルニーニの遊び心である。

　サン・ピエトロ広場の敷石は小さな正方形の石を敷き詰めたもので、その名もサン・ピエトリーノと言う。ローマではごくありふれた舗装方法である。広場には噴水や泉もあって、暑い夏には涼しさを演出するだけでなく、郊外から運ばれてくる泉の水でのどを潤すこともできる。

　列柱廊の右側には郵便局があり、切手が購入できるほか、小包や書籍を送ることもできる。広場左の郵便局より空いているのでお勧めである。広場左には郵便局、コイン売り場、書店などがある。

　日曜や祝日で、教皇の在ローマ時には、12時前に広場に来るとよい。広場の右側に見える使徒宮殿の最上階、右から二番目の教皇執務室からアンジェルスが行われる。

広域地図は、316ページ

第1章　四大聖堂と七巡礼教会、カタコンベ

　アンジェルスとは、お告げの祈り、すなわち大天使ガブリエルが聖母マリアに受胎を告知したことを記念する祈りで、「主のみ使い（アンジェルス・ドミニ）のお告げを受けて、マリアは聖霊によって神の御子を宿された」に始まり、「アヴェ・マリア」の祈りを唱える祈りである。朝の6時頃、正午頃、夕方6時頃がアンジェルスのときだが、サン・ピエトロ広場で言うアンジェルスは、日・祝日の正午に行われるものを指す。

　このアンジェルスの祈りにおいて、ローマ教皇はローマと世界に向かってメッセージを発信し、人々と共に祈る。教皇の姿は小さくしか見えないが、広場に据えられた大画面モニターでも中継される。

　夏季には、ほぼ毎週水曜日に、広場で一般謁見が行われる。冬季にはパウロ6世ホール内で行われることが多い。一般謁見のチケットは、後述の「青銅の門」内のオフィスなどで事前に取得する必要がある。

　クリスマスには毎年、オベリスクの前に大きなプレゼピオ（馬小屋）が設けられる。小教区から贈られる大きなクリスマスツリーも飾られる。プレゼピオとクリスマスツリーは、クリスマスの直前から御公現祭（1月6日、またはその直後の日曜日）まで楽しむことができる。

　列聖式・列福式やその他教皇自らが司式する大きなお祝いが広場内で行われることも多い。ヨハネ・パウロ2世教皇のお葬式も、ベネディクト16世の着座式も広場で行われた。特に大きなイベントでは広場は満員になってしまうので、チルコ・マッシモやコロッセオなど、ローマ市内のあちこちに大画面スクリーンが設置され、サン・ピエトロ広場で行われているのと同じときに聖体拝領を行うこともできる。

　教皇選挙の際は、システィーナ礼拝堂の屋根に臨時に設けられた煙突の煙を見るために広場に人が集まる。選挙は午前に二度、午後に二度行われ、お昼頃と夕方に煙突から煙が

「青銅の門」。ヴァティカンの行事のチケットはこの門の内部のオフィスで受け取る。

28

1. サン・ピエトロ

出る。黒い煙なら新教皇がまだ決まっていないことを示しているし、白い煙なら決まったことが分かる。薬品を入れて色付けしてはいるが、黒い煙のときでも、どうしても最初の数秒は白い煙に見えてしまうことがあるので、注意が必要である。教皇が決まると、あらかじめ大中小の3通り用意しておいた服に着替え、大聖堂の正面のテラス（祝福のロッジャ）から、広場の信徒に向かって、そして世界に向かって、最初のメッセージを発信するのである。

　大聖堂に向かおう。入る前に金属探知検査がある。1981年のヨハネ・パウロ2世暗殺未遂事件もあり、チェックは厳しい。爪切りや小さなはさみも持ち込めない。この規則はヴァティカン博物館も同様なので注意する必要がある。

　検査を終え、角を曲がる手前にスイス衛兵のいる門がある。これは「青銅の門」と呼ばれる門で、ここの中のオフィスで、サン・ピエトロに限らずローマで行われるヴァティカンの儀式のチケットを入手することができる。ミサの参加のためにお金を取ることは教会法で禁止されているため、チケットは無料である。人気のある儀式の場合、チケットがすぐ無くなってしまうことも多い。

　角を曲がり、聖堂の前に向かう。聖ペトロと聖パウロの像が出迎えてくれる。ここで今度は服装チェックがある。ここもチェックは厳しい。短パンや肩を露出するような格好では入場を拒否される。

　チェックを終えてようやく聖堂に向かうことができる。階段を上ると道は3つに分かれる。一つは大聖堂に向かうもの、もう一つは大聖堂の地下（グロッテ・ヴァティカーネ）からの出口、そして大聖堂の屋根（クーポラ）に向かうものである。

　大聖堂に入る前に、サン・ピエトロ大聖堂の簡単な歴史を述べよう。サン・ピエトロは使徒たちの長である聖ペトロ、もとガリラヤ地方の漁師で、イエスに最初につき従うようになり、天国の鍵を受け（このことによってペトロは図像学上、鍵と共に描かれる）、キリストの死と復活の後は各地に宣教して、ローマの初代教皇となったシモン・ペトロにささげられている。

第1章　四大聖堂と七巡礼教会、カタコンベ

　ペトロはローマ皇帝ネロの時代の64年または67年頃、ヴァティカンの丘のふもとにあったネロの競技場で殉教した。逆さまに、頭を下に十字架にかけられたとされているため、ペトロの殉教を描いた絵画ではそのように描かれる。

　ペトロの墓の周りには、使徒にあやかろうとして何人もの初期のローマ教皇たちが埋葬された。墓の場所には2世紀、ガイウスという人物が記念碑を設けている。この記念碑は20世紀半ばの発掘で実際に出土している。

　313年のいわゆるミラノ勅令によってキリスト教が公認された。勅令を発布したコンスタンティヌス大帝がキリスト教に帰依するようになったのは、312年のミルウィウス橋の戦いで対立するマクセンティウス帝を打ち破った際、キリストのモノグラムであるXP（ギリシア語でのキリストの最初の2文字）を示され「このしるしにて勝て」とお告げを受けたことによるとされている。

　コンスタンティヌス大帝はキリスト教を手厚く保護し、ローマに数多くの教会を建てた。使徒ペトロの殉教と墓を記念するサン・ピエトロもその一つである。

　4世紀の教会は、時代の経過とともに傷んでいった。そこで、15世紀半ばに教皇ニコラウス5世が新しい教会を建てることを決めた。このときはほとんど建設作業は進まなかったが、16世紀初めに教皇ユリウス2世が建設を再開することを決め、建築家ブラマンテに委ねた。その後、ラファエロ、アントニオ・ダ・サン・ガッロ、ミケランジェロ、ヴィニョーラ、ジャコモ・デッラ・ポルタ、ドメニコ・フォンターナといった第一級の芸術家が参加し、1614年、カルロ・マデルノの手でついに完成した。献堂式は1626年に行われた。そしてサン・ピエトロはバロック教会の一大傑作となった。

　バロックは芸術様式の一つで、16世紀末から17世紀にかけてヨーロッパで流行した。ローマでは後期バロック様式も含めると、18世紀後半までその影響が強く残った。もとは「ゆがんだ真珠」を意味する言葉で、否定的なニュアンスがあったが、現在では中立の意味の芸術用語として使わ

れている。劇的な空間を特徴とし、ややもすると過剰装飾に陥ることもあったが、実に力強い芸術様式である。

聖堂の正面（ファサード）は17世紀初めに造られた部分で、建築家マデルノが設計した。教会はもともとギリシア十字（縦軸と横軸の長さが等しい十字架型プラン）であったが、17世紀初めに、より多くの会衆を入れることができるようにと、縦軸の長いラテン十字プランに変更となったため、大聖堂の正面に立つとクーポラが見えなくなってしまった。

15世紀のフィラレーテによる門。青銅でできている。

このクーポラはプラン変更より前、1588-89年に完成したものである。

聖堂前にある、屋根のある歩廊をポルティコと言う。ポルティコ内にいくつかある扉のうち、特に目を引くのは中央にある15世紀の青銅製の扉で、フィラレーテが造ったものである。ペトロとパウロの殉教を描いている。右に逆さ十字で殉教するペトロ、左に斬首されるパウロが描かれる。ペトロは、イエスと同じ処刑方法で殉教するのは恐れ多いと、頭を下にして磔刑に遭った。一方、ローマ市民権を持っていたパウロは十字架刑に処されることはなく、剣で首を切られている。

この扉には、15世紀にはまだ残っていたが、現在は失われているローマ市内のモニュメント（カステル・サンタンジェロ付近にあったピラミッドなど）が描かれているのも面白い。

その右側には、聖年にのみ開かれる聖なる扉もある。聖年（ジュビレオ）とは、通常25年に一度開かれる大赦の年である。一定の条件に従ってローマで祈りをささげる巡礼に特別免償が与えられる（免償は罪の償いを特別に軽減または免除するものであり、罪そのものはゆるしの秘跡、つまり告解によってゆるされる）。旧約聖書レビ記25章によれば、ユダヤ教では、50年に一度、「ヨベルの年」があり、土地を休ませ、負債を免除し、奴隷を解放する習慣があった。これに倣って、教皇ボニファティウス8世が1300年に

第1章　四大聖堂と七巡礼教会、カタコンベ

最初の聖年を開いた。当初は100年に一度の想定であったが、やがて50年に一度ということになり（1350年、1400年、1450年、ただし1390年にも特別に開かれた）、そして1475年から25年に一度開催されることになった。この25年ごとの聖年を通常聖年と呼び、特に100年ごとの大規模な聖年を大聖年と呼ぶ。2000年は大聖年であり、2025年にも聖年が開かれる。これ以外にも特別聖年というものがあり、例えば20世紀以降では1933年（イエスの死と復活から1900年）、1966年（第二ヴァティカン公会議の閉会を記念）、1983年（イエスの死と復活から1950年）、2015年（第二ヴァティカン公会議閉会50周年）が特別聖年で、イエスの死と復活から2000年の記念にあたる2033年にも開催予定である。実はスペインの大巡礼地、使徒大ヤコブの墓のあるサンティアゴ・デ・コンポステーラの聖年（「ヤコブの年」）はローマの聖年よりさらに古い。ヤコブの祝日（7月25日）が日曜にあたる年がサンティアゴの聖年となるが、1126年に始まっている。

　さて、サン・ピエトロの教会内に入ろう。天井が高く、非常に広い。豪華に大理石で飾られ、実に荘厳である。主祭壇までまっすぐ見通せる。聖堂内では大きな祝祭のときなどに、教皇や高位聖職者の司式で、ミサや晩課などの宗教儀式が行われることがしばしばある。満員の聖堂で、皆が主祭壇に集中して、共に祈る、そんなとき聖堂はいつにもまして美しい。

　聖堂に入ってすぐ右側にあるのがミケランジェロのピエタ像である。1498-99年制作、長生きをしたミケランジェロは数多くの彫刻作品を残しているが、まだ若い頃に創られたこのピエタ像はみずみずしい感性を感じさせる傑作である。年老いていたはずのイエスの母は、若い乙女となっている。1972年、精神的に不安定だったあるハンガリー人の地質学者がこの像をハンマーで破壊する事件が起こった。像は修復されたが、それ以後防弾ガラスで守られるようになった。

　ピエタの次の礼拝堂には、2014年4月の列聖後、ヨハネ・パウロ2世の墓が移されている。墓はそれまで地下のグロッテ内にあった。聖堂内にはグレゴリウス暦を作成したグレゴリウス13世の墓や、ベルニーニの作品であるバルベリーニ家のウルバヌス8世の墓など、何人もの教皇の墓が

1. サン・ピエトロ

あり、探してみるのもおもしろい。

聖堂の中央の廊（身廊と言う）を主祭壇の方に向かって行くと、右手に聖ペトロの像がある。13世紀後半、アルノルフォ・ディ・カンビオという彫刻家が制作した青銅製の像で、巡礼者は像の足に触れる習慣がある。おかげで右足だけつるつるに光っている。

主祭壇には天蓋が設けられている。これはベルニーニの天蓋と呼ばれるもので、大砲を鋳つぶした青銅製である。主祭壇前にはコンフェッシオと呼ばれる半地下空間がある。この中にパリウムの壁龕（ニッチ、壁の半円形にくぼんだ部分）があり、9世紀のキリストのモザイクがある。

アルノルフォ・ディ・カンビオによる聖ペトロの像

上を見上げると、クーポラが迫ってくる。「あなたはペトロ。わたしはこの岩の上にわたしの教会を建てる…」（マタイによる福音書16・18）というラテン語の文が目に入ってくる。周囲には、ロンギヌス（イエスの左脇腹に槍を突き刺したローマの百人隊長、ベルニーニの作品）やヴェロニカ（イエスが磔刑に遭うためにゴルゴタに向かう途中にハンカチを差し出した婦人で、そのハンカチにはイエスの顔が写されたという）などの素晴らしい大理石彫刻もある。

ベルニーニによる天蓋

主祭壇の裏には、後陣（主祭壇の裏側、教会堂の奥の部分）の礼拝堂がある。通常の平日および日曜のミサはここで行われることが多い。近くには告解の場も設けられている。数カ国語を話す司祭が多いが、残念ながら日本語では通常できない。

聖堂の左側の廊（左側廊と言う）からは宝物館に行くことができる。有料であるが、サン・ピエトロの宝物を見ることができる。中には豪華な教皇

第1章　四大聖堂と七巡礼教会、カタコンベ

冠もある。

　聖堂の入り口に戻る。もしローマの眺めを楽しみたかったら、クーポラに上るとよい。すべて階段コースと、途中までエレベーターのコースでは料金が違う。いずれにしても途中からは階段で行かなくてはならない。聖堂内部をいったん通るが、かなり高いので下にいる人が小さく見える。上の方へ行くと、フィレンツェのサンタ・マリア・デル・フィオーレ大聖堂のクーポラほどではないが、狭い箇所がある。上からの眺めは晴れていれば遠くまで見渡せ、パンテオンの皿状の屋根など下を歩いているだけでは通常気がつかないことに新鮮さを覚えるかもしれない。ただし、高所恐怖症の方にはお勧めしない。

　大聖堂の地下、グロッテ・ヴァティカーネは現在歴代教皇の墓所となっている。現在は大聖堂内部から入ることができる（時々入り口や出口が変わるので注意）。もともとはコンスタンティヌス1世時代の教会の地面の高さで、当時の円柱の基部や壁が残っている。新しい教会は洪水の危険をなくすため、かなりかさ上げされている。19世紀末にテヴェレ川の護岸が整備される前はしばしば洪水が起こっていた。グロッテは1940-57年、新しい教会の地下に造られた。

　ボニファティウス8世のような中世教皇、ニコラウス5世やパウルス2世といったルネサンス教皇、作曲家パレストリーナの楽曲で有名な近世のマルケリヌス2世、ピウス6世のような近代の教皇、パウロ6世やヨハネ・パウロ1世のような現代の教皇の墓がある。ピウス12世の墓は最奥部にあり、通常のグロッテ見学コースからは外れるが、地下のネクロポリスからの帰りやミサなどでクレメンティーナ礼拝堂に行くことができる場合に見ることができる。

　二人の女王の墓もある。15世紀のキプロス女王シャルロット・リュジニャンと、17世紀、デカルトとも親交があり、カトリックに改宗するために王位から退いたスウェーデンのクリスティーナ女王である。上の聖堂からは見づらいコンフェッシオのパリウムの壁龕も見ることができる。

　グロッテの左側、ネクロポリス入り口付近には中世のサン・ピエトロか

1. サン・ピエトロ

らの遺物や古い墓碑などが展示されている（現在では通常のグロッテ見学の際には訪問できなくなった）。グロッテの外側には遺跡事務所があり、そのそばに広場のオベリスクがもともとあった場所（ネロの競技場の中心）もある。

ヴァティカンのネクロポリスは要予約である。人気が高いため、予約にはかなり余裕をもたないといけない。

ネクロポリスの見学はツアーで行われ、遺跡事務所から始まる。グロッテの出口側から入り、地下に行く。温度湿度管理のため、扉が何重にも設けられている。

墓の大部分は異教のものである。ネロ帝の死後、すぐに競技場は放棄され、共同墓地ができた。墓地はコンスタンティヌスの教会建設まで使用されていた。なお、発掘されているのは一部だけである。発掘されているのは、グロッテの地下部分にとどまる。それ以上進めると、上の聖堂が倒壊する恐れがあるからである。

入り口近くにある霊廟Zはエジプト人の霊廟と呼ばれる。エジプトの神々の壁画があるためである。霊廟φ（マルキウス家の墓）は近年修復が行われ、「レダと白鳥」や「マルスとレア・シルウィア」といったギリシアやローマ神話の壁画が見つかった。その他フレスコ（漆喰の上に絵の具で描かれた絵画）やモザイクで飾られた墓が多く存在する。

その中でも目を引くのは霊廟M（ユリウス家の霊廟）である。この墓はキリスト教のもので、3世紀前半のキリスト−太陽神のモザイクが天井に描かれている。不敗太陽神（ソル・インウィクトゥス）ではなくキリストと分かるのは、壁面に旧約聖書の預言者ヨナの物語が描かれているからである。このモザイクは現存する最古のキリストの肖像である。

2世紀のガイウスの勝利碑の円柱が見えだすと、いよいよツアーはクライマックスである。ガイウスの勝利碑は「赤い壁」という漆喰塗りの壁に寄り掛かるように建てられている。ちょうど大教皇グレゴリウス1世の祭壇の真下である。

勝利碑の右側にあり、赤い壁と垂直な壁が「落書きの壁」である。3世紀末から4世紀初頭にかけてのキリスト信者の落書きが多数残されている

ためである。ここで「ΠETP…ENI」という落書きと、壁のくぼみから骨の入った小箱が発見された。考古学者マルゲリータ・グァルドゥッチはこれを「ペトロがここにいる」と解釈し、小箱の中の骨をペトロのものとした。一方、「ペトロは平安のうちに」と解釈する学者もいて、骨が真正なものであるかどうか結論は出なかった。ヴァティカンはこの件について現在肯定も否定もしていない。骨が詰まっていた小箱は勝利碑の脇に今もひっそりと安置されている。

　豪華なクレメンティーナ礼拝堂を出ると、グロッテ・ヴァティカーネの奥に出る。ここでネクロポリスツアーは終わりである。

🏠 2. サン・ジョヴァンニ・イン・ラテラノ
San Giovanni in Laterano

——————————————*Piazza di San Giovanni in Laterano*

ローマの司教座聖堂はどこか、と問われるとついサン・ピエトロ大聖堂と答えてしまうかもしれない。しかし、これは間違いで、ローマの司教座聖堂はサン・ジョヴァンニ・イン・ラテラノ教会である。日本のある教会史家のローマ教皇史の本でその間違いを見て、悲しくなったことがある。

サン・ジョヴァンニ・イン・ラテラノのファサード

今でこそラテラノはヴァティカンにその地位を譲ったが、長い中世の大部分、ローマ教皇はラテラノ付属の宮殿に住んでいた。近世になってもヴェネツィア宮殿やクィリナーレ宮殿などヴァティカン以外に教皇が居住していた期間があり、教皇庁＝ヴァティカンが固定化したのは、実は近代以降だと言っていい。イタリア統一により1870年に教皇庁国家は所領を失う。1929年のラテラノ条約まで、「ヴァティカンの囚人」として教皇はヴァティカンの丘に事実上閉じ込められることになる。ムッソリーニ政権との間に結ばれたこの条約により、ヴァティカンの丘、四大聖堂をはじめとした領域を持つ、ヴァティカン市国の独立が認められた。

ラテラノとは、1世紀初め頃、アウグストゥス帝時代にこのあたりの土地を持っていた異教のラテラニ家に由来する名前である。4世紀初頭、コンスタンティヌス大帝はこのあたりの土地を手に入れ、教会に寄進し、救世主キリストにささげる教会を建設した。大教皇グレゴリウス1世時代に、この教会は洗礼者ヨハネと福音記者ヨハネの両者にささげられるよう

第1章　四大聖堂と七巡礼教会、カタコンベ

になる。正式には救世主および洗礼者ヨハネと福音記者ヨハネにささげられた教会、ということになる。

　異民族の侵入、地震、度重なる火災で教会は何度も建て替えられた。現在の教会は15世紀に再建された教会に、16-18世紀にかけて大幅に手が加えられたもので、おおむね15-16世紀の要素も混じったバロック様式と言っていい。

　正面側のファサードは18世紀のもので、ポルティコ（屋根付き歩廊）を備える。ポルティコ内左側に4世紀のコンスタンティヌス大帝の大理石像がある。これはもともとクィリナーレのコンスタンティヌスの浴場にあったものを移した像である。オベリスク側のファサードは16世紀末で、14世紀の双子の鐘塔がある。かつてはこちら側にも入り口があったが、現在出口のみとなっている。

　正面側から教会に入る。聖年には聖なる扉も開くが通常は左右いずれかから入る。5つの廊を備え、かなり幅が広く感じる。入ってすぐ、右から

広域地図は、317ページ

2. サン・ジョヴァンニ・イン・ラテラノ

二番目の廊（第1側廊）の手前側にジョットのフレスコがある。これは教皇ボニファティウス8世が最初の大聖年、1300年の大聖年を告げるフレスコである。

ボニファティウス8世は大勅書『ウナム・サンクタム』で有名な教皇である。すなわち、「教会の外に救いはない」と。教皇権の頂点を極めたボニファティウスだが、その最後はあっけなかった。フランス王と教皇は課税の問題、ローマへの上訴権の問題などで対立していた。1303年、ガエターニ家出身のこの教皇は、フランス王フィリップ4世の臣

ジョットのフレスコ、1300年の大聖年を告げる教皇ボニファティウス8世

下シャッラ・コロンナに、アナーニの教皇宮殿で監禁された上に平手打ちを食わされて（平手打ちというのは伝説だが、何らかの侮辱行為があったのは確かである）、その後、怒りのあまり死んでしまった。教皇権の頂点は、世俗権の伸長に敗れ、やがて同じフィリップ4世の影響のもと、教皇庁もフランスのアヴィニョンに移ることになる。

この右第1側廊の柱には中世の教皇の墓やモニュメントがある。手前から順に、11世紀初めのシルヴェステル2世の墓、12世紀半ばから後半のアレクサンデル3世の墓、11世紀初めのセルギウス4世の墓である。

真ん中の廊（身廊）には十二の使徒の彫像がある。彫刻家が違う。18世紀初め頃の作品である。

床はコズマーティ装飾という、白、赤、緑などの色大理石を組み合わせた幾何学文様装飾になっている。12－15世紀にローマのコズマ一族を中心に行われた装飾様式で、床以外でも回廊などの壁面装飾にも用いられる。コズマーティにはもう1タイプあって、赤や黒、金などの三角形のガラス片を組み合わせた壁や祭壇の幾何学文様装飾である。ラテラノの聖堂内では、いちばん右側の廊（右第2側廊）にこのタイプのコズマーティ装飾の墓（13世紀末）もあるので、見てみるとよい。なお、ラテラノ教会の床

第1章　四大聖堂と七巡礼教会、カタコンベ

装飾はコズマーティにしては比較的時代が遅く、15世紀のものである。

木製で金の塗られた格子状の天井にはメディチ家の紋章（6つの丸薬）がある。これはフィレンツェのメディチ家とは一切関係がなく、教皇ピウス4世、すなわちミラノのメディチ家の紋章である。

主祭壇の上には大きな天蓋がある。14世紀に建てられたもので、聖ペトロと聖パウロの頭部を納める。祭壇前には半地下のコンフェッシオが設けられ、マルティヌス5世の墓がある。そばにある円柱状の紋章はマルティヌス5世の出身家系であるコロンナ家の紋章である。イタリア語で円柱のことを「コロンナ」と言う。

十字架の横軸の部分（袖廊）のうち右側には教皇インノケンティウス3世の墓がある。19世紀末の教皇レオ13世時代に造られたものである。インノケンティウス3世と言えば、辣腕の教会政治家というイメージが強い。

聖職叙任権闘争（司教などの任命権の問題）で神聖ローマ皇帝の帝権に勝利した教皇権は、インノケンティウス3世とボニファティウス8世の時代に絶頂を迎える。「教皇権は太陽であり、皇帝権は月である」と豪語したインノケンティウスは、アッシジの聖フランチェスコが被造物の美しさを通して神をたたえる『太陽の歌』「わたしたちの兄弟、太陽によってあなたを賛美します…わたしたちの姉妹、月と星によってあなたを賛美します」の比喩とはいかに隔たっていることか。

インノケンティウスは十字軍を呼びかけた。しかし、この第四回十字軍（1204年）は、教皇の意図とはまったく違って、同じキリスト教国であるビザンツ帝国を陥落させてしまった（ビザンツ内部の内紛がそもそもの原因ではあったし、十字軍を利用して帝権を手にしたビザンツの元王子の違約が問題となった訳であるが）。

とは言っても、アッシジの聖フランチェスコを保護するという大局的な目も持っていた。認可は少し後になるが、聖ドミニコ・デ・グスマンによる説教修道会（ドミニコ会）の創立もこの時代である。インノケンティウスが開いた第四ラテラノ公会議（1215年）では、実体変化（ミサの際、パンと

2. サン・ジョヴァンニ・イン・ラテラノ

ぶどう酒が、そのままの外観を残しながらその実体はイエスの体と血に変化するという教義)の教義化も行われた。レオ1世やグレゴリウス1世と同じ言葉では形容できないかもしれないが、非常に重要な教皇であったとは言えるだろう。

　袖廊のいちばん右側がオベリスク側の出口である。またこの辺り(右側廊第1礼拝堂)に小博物館もある。

　後陣のモザイクは1291年頃のもので、フランシスコ会士ヤーコポ・トッリーティによるものである。この芸術家修道士はサンタ・マリア・マッジョーレ教会の後陣モザイクも担当している。中央にキリストと十字架、その下には水を探し求める鹿や子羊たちがいる。水を求める鹿は詩編42から取られている。「涸れた谷に鹿が水を求めるように／神よ、わたしの魂はあなたを求める」(詩編42・2)。キリストの右側には洗礼者聖ヨハネ、小さくパドヴァの聖アントニウス、使徒聖アンデレ、福音記者聖ヨハネがいる。同じく左側に聖母マリア(足元にニコラウス4世)、小さくアッシジの聖フランチェスコ、聖ペトロ、聖パウロが描かれる。

　有料だが、左側廊から回廊に抜けてみてもいい。13世紀前半、コズマーティ様式の回廊はとても美しい。

　オベリスク側から外に出て、洗礼堂に行ってみよう。通称ラテラノ洗礼堂だが、サン・ジョヴァンニ・イン・フォンテという名前もある。フォンテとは洗礼盤のことである。ローマ教区の洗礼堂で、ローマ市民が子どもの洗礼を自分の小教区でなく、わざわざここで授けてもらうこ

後陣モザイク

ラテラノ洗礼堂

とがよくある。

　洗礼堂は4世紀前半、コンスタンティヌス大帝の創建である。八角形をしていて、特に外側は4世紀の建築をそのまま残す。なお八角形とは、円に近い、すなわち完全に近いという意味を持ち、4世紀以降、特に洗礼堂建築でよく見られる形である。

　内部は17世紀前半に改装されている。あちこちにミツバチのマークがある。これはバルベリーニ家の紋章、教皇ウルバヌス8世である。

　洗礼堂の真ん中には洗礼盤が置かれ、鹿が2頭いる。先ほどの詩編42である。壁面にはフレスコが描かれる。コンスタンティヌスが最終的に勝利をおさめたミルウィウス橋の戦いの絵もある。

　いちばん奥の空間（本来は前室にあたる部分だが、建設当初と向きが変わっている）にはあまりはっきりしないが、5世紀のモザイクが残っている。左側の礼拝堂は聖具室となっているのでなかなか見る機会がないが、天井に5世紀後半のモザイクがある。

　左奥の長方形の礼拝堂はサン・ヴェナンツィオの礼拝堂と言う。640年頃の礼拝堂で、後陣モザイクが美しい。救世主キリストと天使が上に、聖母が下に、右側に聖ペトロ、洗礼者聖ヨハネ、司教ドンニオ、教皇ヨハネス4世（礼拝堂の建設者）、左側に聖パウロ、福音記者聖ヨハネ、聖ヴェナンティウス、教皇テオドルスが描かれている。

　左右の床下も見てほしい。2世紀のローマ時代の白黒モザイクがある。共同浴場の遺構である。

ラテラノ洗礼堂のサン・ヴェナンツィオ礼拝堂

　ラテラノ教会にはもう一つ重要な建物がある。16世紀末にシクストゥス5世によって建てられ、ヴァティカンの省庁が入り、また歴史博物館を持つ使徒宮殿のことではなく、通りをはさんだ場所にあるスカーラ・サンタのことである。

　スカーラ・サンタとは聖なる階段

2. サン・ジョヴァンニ・イン・ラテラノ

を意味する。別名はサン・ロレンツォ・イン・パラティオと言う。中世の使徒宮殿（教皇宮殿）はこのスカーラ・サンタの隣にあった。現在の建物は16世紀末のものである。建築家ドメニコ・フォンターナが建てた。スカーラ・サンタの外側右側面にあるモザイクは、もともと中世の使徒宮殿の食堂にあったモザイクで、もともと9世紀初めのものである。中央にキリストと使徒たち、右はカール大帝の御前で教皇レオ3世に戴冠する聖ペト

スカーラ・サンタ

ロ、左に教皇シルヴェステル1世とコンスタンティヌス大帝に権能を与えるキリストで、18世紀に大きく修復を受けている。

　スカーラ・サンタは5つの階段を備える。中央に1つと、左右に2つずつ。全部で28段。左右計4つは徒歩用の階段（いちばん右側は通常使用できない）で、中央のそれは石の上に木が被せてあり、ひざまずいて上るための階段である。伝説では、ユダヤ総督ポンティオ・ピラトの総督宮殿の階段がコンスタンティヌスの母ヘレナの手でローマにもたらされたことになっている。ピラトの階段がなぜ聖なる階段かと言うと、イエスが上ったからである。

　毎日数多くの巡礼がひざまずいて上る。ただし、あまり無理をしないように。慣れないことをして足が痛くなり、しばらくうまく歩けなくなった人もいるので。

　徒歩にせよ、ひざまずいてにせよ、上に到達するとそこには13世紀後半のサン・ロレンツォ（サンクタ・サンクトールム、至聖なる）礼拝堂がある。有料だが、もし開いていたらぜひ訪れてほしい。ただし、切符は下の土産物屋で売っているので気をつけたい。

スカーラ・サンタ、サンクタ・サンクトールム（至聖なる）礼拝堂

第 1 章　四大聖堂と七巡礼教会、カタコンベ

　礼拝堂の床はコズマーティ様式なのだが、コズマ自身による 1278 年の署名は貴重なものである。壁面上部に 13 世紀のフレスコがある。そのうち奥の面はキリスト、聖ペトロ、聖パウロ、教皇ニコラウス 3 世が描かれている。右の面はペトロとパウロの殉教で、左の面は乙女殉教者聖アグネスとミラの聖ニコラオス（サンタクロースのモデルで、現トルコのミラの司教だった聖人）である。手前の面は助祭殉教者聖ステファヌスと助祭殉教者聖ラウレンティウスである。そして天井に四福音書のシンボル（マタイは羽根の生えた人、マルコはライオン、ルカは牛、ヨハネは鷲(わし)）が描かれる。

　さらに、礼拝堂の内陣（主祭壇を中心とする典礼のための空間）の壁面には司教聖ニコラオス、聖アグネス、使徒聖ペトロ、使徒聖パウロ、聖ラウレンティウス、聖ステファヌス、内陣天井にキリスト・パントクラトル（全能のキリスト）と天使のモザイクがある。祭壇には 5-6 世紀の贖(あがな)い主キリストの絵がある。

3. サン・パオロ・フオリ・レ・ムーラ
San Paolo fuori le Mura

—— Via Ostiense, 186

フオリ・レ・ムーラと言うのは市壁外という意味である。ローマ時代、市壁内に墓地を造ることは許されなかったので、市壁外の特に街道沿いに設けられることが多かった。サン・パオロ教会の立つ場所はオスティア街道沿いの共同墓地があった場所である。使徒聖パウロはネロ帝時代に斬首されて殉教した。処刑の

サン・パオロ・フオリ・レ・ムーラのファサード

場所は現在のトレ・フォンターネ大修道院のある場所であるが、埋葬されたのがオスティア街道沿いの墓地であった。なお、パウロは剣で首を切られて殉教したので、図像学上はしばしば剣を手にする姿で現れる。

最初の聖堂は4世紀前半、皇帝コンスタンティヌス1世によって建てられた。4世紀後半にも再建されている。市壁外で危険が大きかったため、中世には要塞化された。何度も再建や修復を繰り返しているが、現在の教会は19世紀のものである。というのも、1823年に失火による大火災が起こり、後陣部分を除いてほぼ全焼してしまったからである。1825－54年に再建された。

使徒聖パウロの墓

教会の入り口は二つある。一つはテヴェレ側にある西側の正面から、もう一つはオスティア街道側、聖堂

第1章　四大聖堂と七巡礼教会、カタコンベ

北側の入り口である。地下鉄で来た場合はオスティア街道側から入ることが多いだろう。

　オスティア街道から入ると真っ先に目につくのは灯台のような形をした鐘塔である。19世紀の再建時のものである。逆にテヴェレ側から入れば広い前庭と正面のモザイクが真っ先に目に入る。こちらのファサードも19世紀の再建である。

　西側の正面から入ってみよう。聖年には聖なる扉も開く。通常は左右の扉から入る。右側から入るとすぐ、火災前の教会の木製模型が置かれている。中は薄暗い。それもそのはず、窓にはガラスの代わりに薄いアラバスター（雪花石膏）の板がはめてある。

　上を見上げてみると、ペトロから現教皇に至るまで、歴代の教皇の肖像が丸い枠の中におさまっている。19世紀につくられたもので、現行の教皇表とは若干違う。同一人物とされる第3代教皇クレトゥスとアナクレトゥスが別の人物として書かれているし、対立教皇が含まれているケース

広域地図は、318ページ

3. サン・パオロ・フオリ・レ・ムーラ

もある。ちなみに、教皇の枠がなくなったとき、世界が滅びるといった都市伝説がある。残されているスペースはそれほど多くない。

聖堂に入って左側に行き、ファサード側を振り返ると青銅製の扉がある。実はこの扉は1070年頃のもので、ビザンツ（東ローマ、中世ギリシア）で造られたものである。キリストの生涯、預言者たちの生涯、使徒たちの殉教などが描かれている。

中央の身廊を前に進む。ペトロとパウロの像がある。内陣にさしかかると、右手に12世紀のロマネスクの復活祭燭台がある。ロマネスクは10世紀末から12世紀までヨーロッパで流行した（ローマでは13世紀まで影響が続いた）、「ローマ風の」芸術様式である。復活祭燭台とは、復活節（復活祭から聖霊降臨祭までの期間）に通常のろうそくの他に使われる大きなろうそくを立てるろうそく立てのことである。アルカイックだが実に美しい燭台である。

11世紀のビザンツの扉

主祭壇の前にはコンフェッシオがあり、通常中に入ることもできる。2006年、主祭壇の下から4世紀のパウロの墓が見つかった。コンフェッシオの床下に見えるのは、コンスタンティヌス時代の教会、また4世紀後半の教会の遺構である。後陣の向きを見れば、当時と今と向きが正反対であったことが分かる。ローマの主要街道であるオスティア街道側には、道と近すぎて教会を拡張できなかったので、向きを変えてテヴェレ川のある方に向かって拡張したためである。

内陣の上にあるアーチ（勝利門と呼ぶ）のモザイクはまるで新しいモザイクのように見える。それは修復のせいであって、もともとは5世紀の大教皇レオ1世時代のものであった。主題は祝福するキリスト、天使、四福音書のシンボル、黙示録の24人の長老、ペトロとパウロなど。このアーチの後陣側のモザイクは13世紀（ピエトロ・カヴァッリーニに帰属）のもので、ルカとマルコのシンボル（牛とライオン）に囲まれた祝福するキリスト、ペ

第1章　四大聖堂と七巡礼教会、カタコンベ

13世紀末の後陣モザイク

トロとパウロなどが描かれる。もとは教会のファサードにあったモザイクである。

　後陣のモザイクはこの教会の中でもいちばん美しい場所である。13世紀前半のモザイクで、中心にキリスト、聖ルカ、聖パウロ、聖ペトロ、聖アンデレ、そして小さくホノリウス3世（モザイクをつくらせた教皇）が描かれる。下の方に他の使徒たちがいる。右側は中心側から天使、聖ヤコブ、聖バルトロマイ、聖トマス、聖シモン、聖マティア、聖マルコ、左側は中心から天使、福音記者聖ヨハネ、聖フィリポ、聖マタイ、聖小ヤコブ、聖テモテ、聖バルナバである。

　このモザイクに描かれている使徒たちはラテン語で名前を書かれているが、パウロのみラテン語とギリシア語で名前が書かれている。これはこの教会が古くから東西の巡礼を集めていることを示す。

　後陣アーチのモザイクは14世紀前半のものである。キリストが教皇ヨハネス22世を祝福している。

　袖廊の左右の祭壇を見てみよう。かなり立派な祭壇である。これは、19世紀の再建時に、ロシア皇帝ニコライ1世が特別に寄進したものである。

　サン・パオロではよほど大きな祝祭でもない限り、ここの後陣部か袖廊にある礼拝堂でミサが行われる。典礼はベネディクト会が担当し、日曜のいちばん大きなミサはグレゴリオ聖歌が歌われる。夕方には毎日晩課が歌われる。詩編や朗読はイタリア語だが、その他はラテン語で歌われる。

ロマネスクの回廊

　袖廊の右には洗礼堂があり、その隣には中世のフレスコを残す部屋がある。フレスコの部屋は売店や回廊

48

に行く切符売り場となっている。
　近年有料となってしまったが、回廊はコズマーティ様式でとても美しい。小さなバラ園になっている。回廊には碑文が並び、ラテン語のほか、ギリシア語やヘブル語の碑文もある。回廊に付属して小博物館や聖遺物安置所もある。

第1章　四大聖堂と七巡礼教会、カタコンベ

4. サンタ・マリア・マッジョーレ
Santa Maria Maggiore

———————*Piazza di Santa Maria Maggiore*

　ローマに限ったことではないが、聖母マリアにささげられた教会は多い。聖母の生涯のイベント（受胎告知、悲しみの聖母、聖母被昇天など）、聖母の属性（慈悲の聖母、謙譲の聖母、扶助者の聖母）、聖母の出現（ルルドやファティマ）や奇跡（ロレートなど）を記念して、聖母の絵画の発見を記念して、あるいは地名を冠して。

サンタ・マリア・マッジョーレのファサード

　神の母にして乙女、キリストに最も近い女性で、私たちの祈りをとりなしてくださる方。マリアはキリスト者の信仰生活において特別な地位を占め、「アヴェ・マリアの祈り」、「マニフィカト」といったマリアに対する祈りは、キリストご自身がお教えになった「主の祈り」などと並んで、特に重要な祈りとされてきた。

　ローマでもマリアにささげられた教会をすぐに30以上も挙げることができる。サンタ・マリア・イン・トラステヴェレ、サンタ・マリア・ソプラ・ミネルヴァ、サンタ・マリア・アド・マルティレス（パンテオン）…。挙げればきりがない。そうしたマリアにささげられた教会の中でも特に重要なのがマッジョーレ（比較級）を冠したこの教会である。

　この教会の創建は、他の重要な教会と少し趣を異にする。他の巡礼教会の多くが皇帝コンスタンティヌス1世やその周辺によって創立されているのに対し、ローマの司教によって、ローマの民のために建てられたからである。

4. サンタ・マリア・マッジョーレ

　教会は4世紀半ば、教皇リベリウスによって創建された。これには一つの伝説がある。貴族ヨハネスという人物は年老いて子どもも無かったので、妻と相談して教会を寄進しようと考えていた。何年であったかはいろいろな説があるが、リベリウス教皇の時代、貴族ヨハネスは夢の中で聖母を見た。聖母は貴族ヨハネスに教会を建てるべき場所を示した。同様に聖母はリベリウスのもとにも現れた。これが8月4日の夜のことである。翌8月5日、リベリウスと貴族ヨハネスはその場所を探しに出かけた。エスクィリーノの丘の頂上付近で真夏なのに雪が積もっている場所があった。そこで貴族ヨハネスが建設費用を出して、教会が建てられることになった。

　これが雪の聖マリア伝説である。毎年行われる祝祭では、さすがに雪は手に入らないので、ジャスミンの花びらで代用される。

　431年、エフェソス公会議でマリアに「テオトコス」すなわち「神の母」という称号が認められたことから、教皇シクストゥス3世は、リベリウス

広域地図は、317ページ　　　　　　　　　　　　　　　　50m

の教会を廃し、マリアにささげられた教会を建てることを決めた。これが現在の教会である。中世に後陣が広げられたり、近世になってから大きな礼拝堂が付け加えられたりしているが、5世紀の教会の大枠は残っている。

聖堂の前と後ろにモニュメントがある。聖堂の後ろ側にあるのは16世紀末に巡礼の道しるべとして据えられたオベリスクである。スペイン階段上のトリニタ・デイ・モンティ教会前のオベリスクから続いている。教会の前にあるのはカルロ・マデルノによる平和の円柱で、1614年のものである。円柱のそばには噴水もある。

ファサードは18世紀のもので、祝福のロッジャとポルティコを持つ。ロッジャの二階部分にはよく見るとモザイクがある。13世紀末のモザイクで、祝福するキリスト、天使、四福音書のシンボル、聖母マリア、使徒や聖人、そして教会創立、すなわちリベリウスと貴族ヨハネスのエピソードが描かれる。教会内部右側の売店で見学を申し込むことができる。また、夜に聖堂前の広場から見るとモザイクがライトアップされて美しい。

鐘塔はローマ・ロマネスクで、11－12世紀の塔を改造した14世紀のもの。てっぺんのピラミッド型の飾りは16世紀初めに付け加えられた。教会をはさみこむ形で立つ宮殿は17世紀初めのものである。

ロッジャの13世紀モザイク。右は雪の降っている様子。左は教皇リベリウスと貴族ヨハネス

ポルティコから中に入ってみよう。この教会にも聖年に開く聖なる扉がある。通常は左右の扉から入る。

聖堂の中央の廊に移動する。上の方に一連のモザイクがあるが、これはシクストゥス3世の教会からのものである。右側はモーセとヨシュア、左側はアブラハム、イサク、ヤコブの物語が描かれる。残念ながら、後世に壊されてしまった部分もある。

床のコズマーティ装飾は12世紀半ばのもの。天井は教皇アレクサンデル6世による。

4. サンタ・マリア・マッジョーレ

アレクサンデル6世と言えばボルジャ家の教皇で、愛人を何人も抱え、自分の子どもを枢機卿や教皇庁の要職につけ、非常に脂ぎったイメージが強いが、一方で教会の修復などもあちこち手がけている。

主祭壇には18世紀の天蓋が設けられている。祭壇の前にはコンフェッシオが設けられ、教皇ピウス9世の像がある。祭壇の真下にはイエスの秣桶(おけ)の一部が安置されている。

祭壇の真上にあるアーチはもともと5世紀の教会では後陣のアーチだったが、13世紀末に後陣が6メートルほど後ろに拡張されたので、勝利門のようになっている。「司教クシュストゥスが神の民のために」(クシュストゥスとシクストゥスは同じ)と高らかに宣言され、教会がローマ司教によってローマの民のために築かれたことを示している。玉座のキリストがモザイクの中心にあり、右側には受胎告知、御公現（東方三博士礼拝）、幼子虐殺、エルサレムの町が、左側にはイエスの神殿奉献、エジプトへの逃避、ヘロデ王の前での東方三博士、ベツレヘムの町が描かれる。5世紀の古代末期のモザイクがこれだけの規模で残っているのは実に貴重である。

後陣のモザイクはサン・ジョヴァンニ・イン・ラテラノの後陣モザイクと同じ作者フランシスコ会士ヤーコポ・トッリーティが1295年頃作

身廊にある5世紀モザイク

勝利門の5世紀モザイク

後陣の13世紀末モザイク

成したもので、イエスによるマリアの戴冠が中心にあり、そして右に洗礼者聖ヨハネ、聖ヤコブ、パドヴァの聖アントニウス、左に聖ペトロ、聖パウロ、アッシジの聖フランチェスコ、さらにはジャコモ・コロンナ枢機卿（右）と教皇ニコラウス４世（左）も描かれる。こちらのモザイクでは、寄進者は小さく描かれるものの、アッシジのフランチェスコとパドヴァのアントニウスは他の使徒たちとほぼ同じ大きさで描かれている。下には聖母の御眠りなどの情景も描かれている。

　忘れてはならないのは、偉大な彫刻家ジャン・ロレンツォ・ベルニーニの墓である。サン・ピエトロの天蓋や列柱廊など数々の傑作を残したバロックの巨匠の墓は主祭壇のすぐ右側にある。

　聖堂の主祭壇をはさんで左右に大きな礼拝堂がある。右側はシスティーナ礼拝堂と呼ばれる。ヴァティカンのシスティーナ礼拝堂（シクストゥス４世）と違い、こちらは16世紀末、教皇シクストゥス５世によるものである。ドメニコ・フォンターナによる設計である。地下には1290年頃にアルノルフォ・ディ・カンビオが設計した礼拝堂がある。

　左側の礼拝堂はパオリーナ礼拝堂と呼ばれ、17世紀初頭、教皇パウルス５世時代のものである。12－13世紀の聖母の絵があり、「ローマの民の救済の聖母（サルス・ポプリ・ロマーニ）」としてローマ市民の信仰を集めている。礼拝堂内では、真っ青なラピスラズリーを効果的に使ったステファノ・マデルノによる雪の聖マリア伝説の浮き彫りも目を引く。教会内の平日のミサはこの礼拝堂で行われることも多い。

　聖堂内の右側の売店から、小博物館に行くことができる。先に紹介したロッジャのモザイクもこの売店で申し込む。

5. サン・ロレンツォ・フオリ・レ・ムーラ
San Lorenzo fuori le Mura

―――――――――――――――――――*Piazzale del Verano*

ここまでで四大聖堂の紹介が終わった。この四大聖堂とサン・ロレンツォ・フオリ・レ・ムーラ、サン・セバスティアーノ、サンタ・クローチェ・イン・ジェルサレンメを合わせた7つの教会は七巡礼教会と呼ばれ、ローマ巡礼において特に重要視されてきた。

サン・ロレンツォ・フオリ・レ・ムーラのファサード

サン・ロレンツォ・フオリ・レ・ムーラ教会は典型的な墓地教会である。ローマの主要墓地の一つヴェラーノに建つ。ヴェラーノ墓地はテルミニ駅の東側にある。

聖ロレンツォとは、3世紀半ば、おそらくはウァレリアヌスの迫害時に殉教した聖人、助祭ラウレンティウスを指す。ラウレンティウスは生きながら鉄網（要するにグリル）で焼かれたとされ、絵画ではしばしば鉄網をともなって描かれる。サン・ロレンツォ教会はこの聖人の墓を記念する教会である。

創建はやはり皇帝コンスタンティヌス1世である。だが、コンスタンティヌスの教会は現在の教会とは少し離れた場所にあった。この教会は中世の間に廃虚となり、ほとんど痕跡をとどめていない。

今の教会は、6世紀末の教皇ペラギウス2世の建てた教会に13世紀末のホノリウス3世の教会が増築されてできたものである。第二次世界大戦中の1943年7月19日、サン・ロレンツォ地区はアメリカ軍の激しい空襲に遭い、教会も大破した。ローマは戦時中それほど空襲の被害を受けてい

55

第1章　四大聖堂と七巡礼教会、カタコンベ

ポルティコにある 13 世紀フレスコ

なかったが、このときの空爆は激しいものだった。戦後に教会は修復されて今に至っている。

　教会のファサードはホノリウス 3 世時代のもので、ポルティコを備える。古代の石棺やロマネスクの獅子像などがあり、壁は 13 世紀末のフレスコで彩られる。右側にある鐘塔は、時計が雰囲気を台無しにしてしまっているが、12 世紀末のローマ・ロマネスクである。12 世紀の回廊もある。

　6 世紀教会と 13 世紀教会の間はアーチで区切られ、その差は歴然としている。しかし、初期キリスト教様式とロマネスク様式が絶妙にマッチしている。床は 13 世紀前半のコズマーティ様式。身廊の前の方には同じ時期のコズマーティ装飾の朗読台や復活祭燭台などがある。

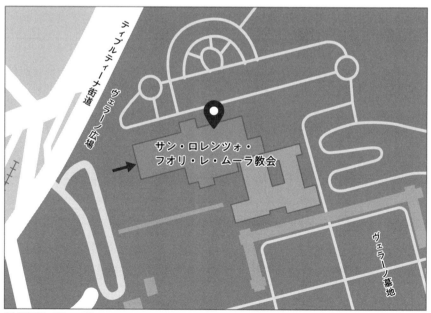

広域地図は、317 ページ

50m

56

5. サン・ロレンツォ・フオリ・レ・ムーラ

内陣の天蓋は12世紀半ばに造られた。勝利門にはペラギウス2世時代のモザイクがあって、中心にキリスト、聖ペトロ、聖ラウレンティウス、ペラギウス2世教皇らがそれを囲む。司教座は13世紀半ば。内陣の真下、クリプタには聖ラウレンティウスの墓がある。クリプタとは、教会の地下（内陣の下にあることが多い）に設けられた地下聖堂で、聖人の遺骨などを納めていることが多い。

勝利門の6世紀モザイク

クリプタ

ペラギウス2世の教会の裏側にはピウス9世の墓がある。ピウス9世は無原罪の御宿りや教皇の不可謬性を教義化し、1869-70年の第一ヴァティカン公会議を主催した教皇である。近代化や世俗化、そして何よりもイタリアの統一運動に立ち向かわざるを得なかった。1870年、ローマおよび教皇領がイタリア王国に編入され、ローマが王国の首都となり、逆にローマ教皇庁は世俗的な権力をすべて失った。教皇の不可謬性の教義など、保守的な傾向から批判されることの多い教皇だが、多難な時代に生きていたことだけは間違いない。現在では福者に列せられている。

ピウス九世の礼拝堂。19世紀のモザイクで、使徒聖パウロと殉教者聖ステファヌスが見える。

57

第1章　四大聖堂と七巡礼教会、カタコンベ

🏠 6. サン・セバスティアーノ　*San Sebastiano*

―――――――――――――――――――Via Appia Antica, 135

　古代ローマのアッピア街道はローマのアッピア門（サン・セバスティアーノ門）から南東に伸び、カプア、ブリンディシを結び、航路を経てギリシアともつながる重要な街道であった。ローマ郊外のアッピア旧街道周辺にはさまざまなモニュメントが存在する。

サン・セバスティアーノのファサード

　ドミネ・クォ・ヴァディス教会に始まり、サン・カリストのカタコンベ、本項目のサン・セバスティアーノの教会とカタコンベ、ロムルス神殿、コンスタンティヌスに敗れたマクセンティウスの競技場、チェチリア・メテッラの円形の墓。沿道にはずっと古代ローマの墓が並ぶ。時折古代街道の大きな敷石も見られる。さらに奥へと行けばクィンティリの別荘もある。

　一度チェチリア・メテッラからアルバーノ・ラツィアーレまで旧街道を20キロほど歩いたことがあるが、まっすぐな街道に点々と古代の墓が並ぶさまはとても素晴らしい。ただし、人の少ない時間の治安はあまり良くないので、チェチリア・メテッラ以遠を一人で歩くのはあまりお勧めしない。またチェチリア・メテッラより手前であっても、早朝や夕方以降はなるべく避けた方がよい。

　サン・セバスティアーノ教会はアッピア街道2マイル半ほどの地点にある（1ローマ・マイルは約1.48キロで、ローマ時代には1マイルごとに里程標（マイルストーン）が設置されていた）。サン・カリストのカタコンベの少し先である。

　サン・セバスティアーノ教会は4世紀初めのディオクレティアヌスの迫

6. サン・セバスティアーノ

害で殉教した聖セバスティアヌスの墓を記念する。セバスティアヌスは矢で射られる若い青年の姿で描かれることが多い。

セバスティアヌスの墓はサン・セバスティアーノのカタコンベ内に設けられている。カタコンベについては別に項目を設けるが、端的に言ってローマ近郊に多く見られる地下墓地のことである。

サン・セバスティアーノは使徒たちの教会という別称を持つ。この教会は最初からサン・セバスティアーノという名前だったわけではない。3世紀半ばの皇帝ウァレリアヌス迫害期にペトロおよびパウロの遺骨がこの場所に安置されたとの伝承がある。そのため、4世紀後半に建てられた最初の教会は聖ペトロと聖パウロにささげられていた。9世紀以降、聖セバスティアヌスの墓を記念して、サン・セバスティアーノと呼ばれるようになった。現在の教会は17世紀初頭、シピオーネ・ボルゲーゼ枢機卿による建設で、バロック様式である。

ボルゲーゼ枢機卿によるファサードの下には小さなポルティコがある。

広域地図は、319ページ　　　　　　　　　　　50m

第1章　四大聖堂と七巡礼教会、カタコンベ

カタコンベへ行く場合は教会の右側に入り口がある。

　教会の中に入ってみよう。左側で目を引くのは、セバスティアヌスの礼拝堂である。殉教者の墓はこの下にある。セバスティアヌスの礼拝堂近くには、ダマスス1世教皇による殉教者エウティキウスに対する碑文もある。カタコンベから持ち込まれたものである。身廊右手前にはベルニーニによる贖い主キリストの彫刻もある。

聖セバスティアヌスの礼拝堂

　右側にあるのは聖遺物の礼拝堂で、聖セバスティアヌスの矢やイエスの足型とされる石である。イエスの足型は「クォ・ヴァディス」の伝承と深いかかわりがある。ポーランドの文学者シェンキェーヴィチの作品『クォ・ヴァディス』（とその映画化）で有名になったエピソードである。このエピソードに

ベルニーニによる贖い主キリストの胸像

聖遺物礼拝堂。いちばん下に「イエスの足型」とされる石が置かれている。

ついては、ドミネ・クォ・ヴァディス教会のところで紹介しよう。

　残念ながら、サン・セバスティアーノにある石は、その時残されたイエスの足型ではない。なぜなら、その石は治癒に感謝して異教の神殿にささげられたエクス・ヴォト（奉納品）であるからである。ドミネ・クォ・ヴァディス教会には、サン・セバスティアーノにあるこのエクス・ヴォトのコピーが置かれている。

60

7. サンタ・クローチェ・イン・ジェルサレンメ
Santa Croce in Gerusalemme

——————————*Piazza Santa Croce in Gerusalemme, 12*

サン・ジョヴァンニ・イン・ラテラノから、アウレリアヌスの市壁沿いに東へ行く。サン・ジョヴァンニ門とアッシジの聖フランチェスコの彫刻を過ぎ、公園を過ぎてしばらくすると、サンタ・クローチェ・イン・ジェルサレンメに到着する。

サンタ・クローチェ・イン・ジェルサレンメとはエルサレムの聖十字架という意味である。コンスタンティヌスの母ヘレナは聖地エルサレムを訪れる巡礼旅行をしたが、その際聖十字架の一部を持ち帰ってきたとされる。

サンタ・クローチェ・イン・ジェルサレンメのファサード

教会の創建は4世紀、コンスタンティヌスによるとも、ヘレナによるともされる。もともとヘレナの宮殿があった場所である。何度も改築されてきたが、現在の教会は18世紀半ばに再建されたものである。小バロックと呼ばれる後期バロック様式、つまりバロックとロココ（18世紀に流行した優雅な芸術様式、ローマでの影響は限定的）をつなぐ様式である。

18世紀の優美なファサードの中には楕円形の前室がある。右手には12世紀の鐘塔も見える。回廊も同じ時代である。

床はコズマーティ装飾だが、20世紀前半に修復されている。主祭壇

後陣のフレスコ

第1章　四大聖堂と七巡礼教会、カタコンベ

の上には18世紀の天蓋が立つ。後陣部分のフレスコは1492年頃、画家アントニアッツォ・ロマーノによるもので、キリストおよび聖十字架の伝説が描かれている。なお、この画家はローマに大きな工房を持っていて、工房の作品を含めると、その作品はあちこちの教会にかなり残っている。

　キリストの死と復活の後、聖なる十字架は行方が分からなくなっていた。二度のユダヤ戦争を経て、エルサレムはその様相を変えてしまっていた。神殿は破壊され、ローマ都市アエリア・カピトリーナと改称され、カルヴァリオ（ゴルゴタ）のあった場所には異教の神殿も建てられた。

　4世紀の初め、熱心なキリスト信者であった母后ヘレナはエルサレムに巡礼を行った。息子のコンスタンティヌス大帝の手で聖墳墓教会の建

クリプタ

広域地図は、317ページ

設は始められていた。ゴルゴタの丘にほど近い石切り場の跡から、ヘレナはキリストが磔にされた十字架を発見した。これが聖十字架発見の伝説である。

教会のクリプタはヘレナにささげられている。キリスト、四福音記者、聖十字架が描かれるモザイクはもともと5世紀前半のものだが、15世紀末－16世紀初頭に再構成されている。

聖堂左側から階段を通って上の階に行こう。聖遺物礼拝堂にはこの教会の名前の由来ともなった聖十字架の断片が納められている。

聖十字架の聖遺物

8. カタコンベ

　カタコンベという名前の起源については諸説あるが、有力な説に従うと、サン・セバスティアーノの地下墓地をラテン語で「アド・カタクンバス（窪地の辺り）」と呼んでいたのが起源である。「カタ・トゥンバス（墓地の周辺）」など他の説もある。

　カタコンベのほとんどはキリスト教徒のものであったが、必ずしもすべてがそうだというわけではない。異教のカタコンベやユダヤ教のカタコンベもある。また、地下だけではなく、地上部に何らかの建物があるケースもある。

　ローマ近郊の地下にはトゥーフォという凝灰岩の一種（火山灰が積もったもの、栃木県で産する大谷石はその近縁種）の厚い層がある。ローマの南側のアルバーノ湖、ネミ湖、すでに水が抜けて湖ではなくなった元のアリッチャ湖、あるいはローマの北側のブラッチャーノ湖やボルセーナ湖は、はるか昔、火山のカルデラだった。現在では死火山だが、かつてのこれらの火山の活動で、ローマ近辺には一面にトゥーフォの層がある。

　ローマ近辺の地下にあるトゥーフォは掘った当初は土のように柔らかいが、空気に触れると硬く、岩のようになる。この性質を利用してトンネル（地下通廊、ガレリアと言う）が無数に掘られている。トンネルは何キロにもわたって複雑に入り組み、迷路のようになっている。

　それほど裕福でない被葬者の場合、ガレリアの壁に穴を掘り、そこに埋葬する（ロクルスと言う）。遺体には陶板や大理石板で蓋（ふた）がされる。子どもが埋葬された場合は穴が小さいのですぐ分かる。さらに小さな穴は、ランプが置かれていた場所である。天井が高く、上から下までロクルスが並ぶ場所もあるが、上からどんどん掘り下げていったためそうなったもので、最初から高い位置に墓を設けていたわけではない。

　中程度の被葬者の場合、ガレリア内の大きなアーチ（アルコソリウム）に

埋葬される。裕福な被葬者の場合、一家の部屋を持っていることが多い。これを墓室（クビクルム）と言う。裕福な家の墓室の場合、フレスコやモザイクで飾られていることも多い。

　カタコンベではさまざまなシンボルが見られる。キリストのモノグラムXP（ギリシア語の「キリストΧΡΙΣΤΟΣ」の最初の2文字を組み合わせている）であったり、これまたキリストを指すA（アルファ）とΩ（オメガ）であったり、ギリシア語で「イェースス・クリストス・テウー・ヒュイオス・ソーテール（イエス・キリスト、神の子にして救済者）」の頭文字をとった「ΙΧΘΥΣ」すなわち「魚（イクテュス）」の絵であったり、十字架と救いを指す錨、ノアの洪水を思い起こさせる鳩、子羊を若者が背負うよき牧者などである。絵画ではヨナの物語（怪魚に飲まれ、その後助けられる）やイサクの犠牲、ラザロの復活といった死と復活のテーマも多い。両手を上ないし斜め上に上げている人の姿は「オランス」と呼ばれ、初期キリスト教時代の祈りの姿勢を示している。

　よく誤解され、カタコンベのツアーで必ず説明されるのは、迫害時代にキリスト教徒たちがカタコンベ内に隠れて住んでいたのではないということである。墓はローマ当局公認で（衛生上死体の埋葬は認められていた）、ローマの権力側もその存在を知っていた。カタコンベはあくまで埋葬と祈りの場であった。骨はどこにあるかというのもよく質問されることだが、カタコンベで出土した骨は、通常観光客の入ることのない奥の方にまとめて安置されている。観光客が持ち帰る事件が相次いだからである。

　地上に近い部分を除き、年間を通し気温と湿度は一定している。カタコンベ内は入り組んでおり、似たような通路が続くため、迷いやすい。決して単独行動を行ってはいけない。また、通常の見学コースでは決して近づくことはないが、奥の方で放射線が強く出るような場所がある場合もある。

　以下、一般に公開されているローマのカタコンベについて紹介する。

第1章　四大聖堂と七巡礼教会、カタコンベ

サン・カリストのカタコンベ

―――――――――――――Via Appia Antica, 110

　ローマにあるカタコンベの中でも、アッピア旧街道沿いにあるサン・カリストのカタコンベは最大の規模を誇る。アッピア街道2マイルほどの地点にある。サン・セバスティアーノ門（アッピア門）から徒歩で来た場合にはアッピア旧街道とアルデア街道の分岐点に入り口がある。バスの場合、アッピア旧街道側にも、アルデア街道側にもバス停がある。

サン・カリストのカタコンベの地上部

　アッピア街道沿いのこの場所にキリスト教墓地ができたのは2世紀のこ

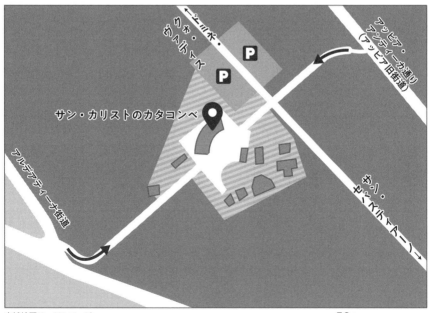

広域地図は、321 ページ　　　　　　　　　　　　　50m

66

とである。このカタコンベは、3世紀初めの教皇ゼフェリヌスの助祭だったカリストゥスという人物から名前がとられている。助祭カリストゥスは、ゼフェリヌスの命令で2世紀のキリスト教墓地を整備した。このカリストゥスは、ゼフェリヌスの後を継いで教皇になり、カタコンベの拡張を行った。この墓地はキリスト教会公式の墓地にまで発展した。

キリスト教公認後、4世紀の教皇ダマススはカタコンベの再整備を行い、自作の詩で飾った。採光の窓が設けられ、信者たちが訪れることができるように、新しい階段も設けられた。カタコンベは16人の教皇の墓、50人を超す殉教者の墓が設けられ、信者たちの崇敬を深く集めるようになった。

時代が下るにしたがって、カタコンベを訪れる人は減っていった。それには、異民族の襲来など、古代末期において治安が著しく悪化したことも関係している。他方、カタコンベに埋葬されているのはすべて殉教者であるとの誤解から、墓荒らし、聖遺物泥棒にも略奪された。埋葬されていた遺体も、7-9世紀の間にローマ市壁内のいろいろな教会に移された。9世紀を境にして、いつしかその存在も忘れられていった。カタコンベが「再発見」されたのは、19世紀も中頃になってからである。

1849年、後の教皇庁立キリスト教考古学研究所初代所長となった考古学者ジョヴァンニ・バッティスタ・デ・ロッシは、アッピア旧街道の地下にサン・カリストのカタコンベが埋まっているのを偶然発見した。ただちに調査と発掘が始められた。長期間にわたる発掘の結果、広さにして15ヘクタール、トンネルの長さ20キロにも及ぶカタコンベの全容が明らかになった。

サン・カリストのカタコンベには各国語のツアーがある。他のカタコンベでは欧米主要語のみだが、サン・カリストのカタコンベには、イエズス会の菅原師とドロテア会のシスター猪俣による日本語のカセットテープがある。そのため、どれか一つだけカタコンベを訪れたいという場合は、サン・カリストのカタコンベをお勧めしたい。

カタコンベ内部で特に重要なものをいくつか挙げてみよう。教皇の墓群

第 1 章　四大聖堂と七巡礼教会、カタコンベ

教皇ダマスス 1 世の碑文。独特の書体で書かれている。もともとサン・セバスティアーノのカタコンベにあったもので、現在はサン・セバスティアーノ教会内にある。

と呼ばれる空間は、サン・カリストのカタコンベで最も重要な場所である。ここには殉教者聖ポンティアヌス、聖アンテルス、殉教者聖ファビアヌス、聖ルキウス 1 世、聖エウティキアヌス、殉教者聖シクストゥス 2 世など、3 世紀前半から半ばの諸教皇が埋葬されていた。教皇ダマスス 1 世がこの部屋の再整備を行い、同教皇自作の詩の、独特の書体（書家フリウス・ディオニシウス・フィロカルス考案の書体）による碑文も飾られている。

　この教皇の墓所に近い空間には、聖カエキリア（チェチリア）の墓がある。聖セシリアとしても知られるこの乙女殉教者は、音楽の守護聖人として世界中から崇敬を受けている。3 世紀前半、セウェルス・アレクサンデルが皇帝の時代だった。聖人伝によると、カエキリアはローマの貴族の女性で、ヴァレリアヌスという貴族の男性と結婚することになっていた。カエキリアは純潔を守ることを望んだ。2 人は結婚したが、ヴァレリアヌスはカエキリアに指一本触れなかった。カエキリアは異教徒だったヴァレリアヌスをキリスト教に改宗させた。ヴァレリアヌスの兄弟ティブルティウスも、さらには死刑執行人のマクシムスすら改宗させた。ヴァレリアヌス、ティブルティウス、マクシムスは 229 年頃、カエキリア自身も 232 年頃処刑された。

　聖カエキリアの遺体は 9 世紀に、トラステヴェレのサンタ・チェチリア教会に移された。このサンタ・チェチリア教会の主祭壇の下に彫刻家ステファノ・マデルノによる聖カエキリアの大理石像（1600 年頃制作）が置かれているが、サン・カリストのカタコンベのカエキリアの墓所には、そのコピーが置かれている。首に筋が入っているのは聖女が斬首されたことを示し、右手の三本の指は聖なる三位一体を証ししたことを意味している。

この部屋にある9世紀のフレスコは、祈る聖カエキリア、贖い主キリスト、そして聖カエキリア伝承に縁の深い（ヴァレリアヌス以下に洗礼を授けた）殉教者ウルバヌス1世教皇が描かれている。

　少し先の、2世紀末の秘跡のクビクルムでは、3世紀前半のフレスコ画があって、洗礼、感謝の祭儀、肉体の復活が描かれている。カタコンベ内には他に、教皇聖ミルティアデスの墓所、教皇聖カイウスと教皇聖エウセビウスの墓所、教皇殉教者聖コルネリウス

サン・カリストのカタコンベの地上部にある4世紀の礼拝堂

の墓所、殉教者カロケルスとパテルニウスの墓などもある。カタコンベ内には礼拝堂も設けられていて、司祭はミサを祝うこともできる。

サン・セバスティアーノのカタコンベ
——————————— Via Appia Antica, 136

　サン・セバスティアーノのカタコンベは、アッピア旧街道沿いのサン・セバスティアーノ教会地下にある。サン・セバスティアーノ教会の項でも述べたように、聖セバスティアヌスの墓を記念している。聖セバスティアヌスは軍人だった人で、ディオクレティアヌス帝時代（あるいはそれより前の時代だったという説もある）に殉教した。

　聖人伝によれば、ガリア（現在のフランス）地方の出身だった。ローマ帝国軍の将校を務めていたが、キリスト教徒であることが見つかり、皇帝の命令で矢を射かけられた（このため、聖セバスティアヌスは矢と一緒に描かれる）。ただし、このときは殉教しなかった。半死半生のところをある婦人に助けられた。その後再び皇帝に見つかり、今度は死ぬまで殴打されたという。

　サン・セバスティアーノのカタコンベのある場所は、2世紀初め、皇帝

第1章　四大聖堂と七巡礼教会、カタコンベ

　トラヤヌス時代の異教墓地があった場所である。2世紀末頃に、聖ペトロと聖パウロにささげられたキリスト教の墓地がこの場所にできた。3世紀半ばの皇帝ウァレリアヌス迫害期にペトロおよびパウロの遺骨がこの場所に安置されたとの伝承があることは、すでにサン・セバスティアーノ教会の項で述べた。やがて聖セバスティアヌスに対する崇敬の念が強まり、教会およびカタコンベがこの殉教者にささげられるようになった。

　ちなみに、このカタコンベは忘れ去られることがなく、常に崇敬を受け続けてきた。オラトリオ会の創始者で、16世紀の聖人である聖フィリッポ・ネリも、しばしばここに来て祈った。ただし、裏返して言えば、最も破壊を受けてきたカタコンベであるとも言える。特にカタコンベの四層あるうちのいちばん上の層は、ほとんど破壊されてしまった。

　カタコンベ内のヨナのクビクルムでは、預言者ヨナの物語が4つのシーンで描かれる。ヨナはニネヴェの町に行って、悔いあらためるよう伝えるために神から命令された。ヨナは逆らい、逆に西側（地中海）に船に乗っ

広域地図は、321ページ　　　　　　　　　　　　　　50m

て逃げた。すると嵐が起こった。ヨナは、嵐は自分のせいだと観念し、自分を海に投げ込ませた。大きな魚がヨナを飲み込み、預言者は3日3晩その腹の中にいたが、最後には助かった。再び神はヨナにニネヴェに行くよう命じた。今度はさすがのヨナもニネヴェの町へ赴き、神の言葉を伝えた。街の人々はヨナの警告を聞き入れ、生活を改めた。大きな魚に飲み込まれて3日3晩その中にいたというのが、十字架に付けられて死に、陰府(み)に下って3日目に復活したキリストを予兆するものとして、また復活の象徴として、キリスト教徒の墓のフレスコでしばしば描かれる。

聖セバスティアヌスの地下墓所は礼拝堂になっていて、司祭はミサをささげることもできる。後世の改変を取り除いて、オリジナルの墓所が復元されている。ここにあるセバスティアヌスの胸像は、ベルニーニの作品とされている。

カタコンベツアーの最後に訪れる3つの霊廟は、キリスト教以前の異教墓地の霊廟である。霊廟は右からマルクス・クロディウス・ヘルメスの霊廟、「インノケンティオレス（よりけがれない人々）」の霊廟、アスキアの霊廟である。フレスコや化粧漆喰(しっくい)などできれいに装飾されている。

ドミティッラのカタコンベ

Via delle Sette Chiese, 282

ドミティッラのカタコンベはアルデア街道から少し入ったところにあるが、サン・カリストからも近い。バスだったら、サン・カリストのカタコンベのアルデア街道側入り口で下りるとよい。

もともとは3世紀初めの異教墓地があった場所である。カタコンベの名前は、フラウィア・ドミティッラという婦人の名前に由来する。伝承では、キリスト教徒を迫害した1世紀の末の皇帝ドミティアヌスの姪で、この婦人はキリスト教に改宗したのだと言う。7世紀の巡礼ガイドではペトロニッラのカタコンベとも言われている。カタコンベは3世紀に設けられ、4-5世紀に発展した。10世紀には打ちすてられ、1874年に「再発

第1章　四大聖堂と七巡礼教会、カタコンベ

見」された。

　入るとすぐに4世紀の教会跡がある。ペトロの娘とされる聖ペトロニッラと、ディオクレティアヌス時代の殉教者聖ネレウスとアキレウスにささげられる、サンティ・ペトロニッラ・ネレオ・エ・アキレオ教会である。初期キリスト教時代の教会がほとんど手つかずで残っている貴重な例である。

ドミティッラのカタコンベにある4世紀の教会

　ガレリアはキリスト教時代のおおむね4-5世紀だが、フラウィウス家の墓所（3世紀初め）は異教の墓地である。「1897年の大階段の墓所」には4世紀のフレスコ装飾があり、その中に「聖母子と4人のマギ」のフレスコがある。東方三博士は、現在では3人とされ、カスパル、メルキオル、

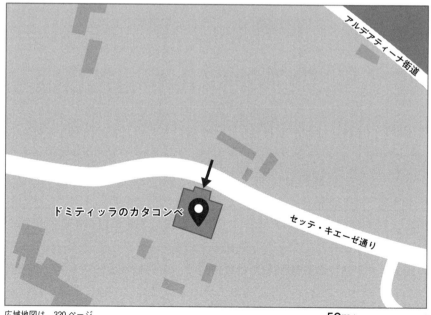

広域地図は、320ページ　　　　　　　　　　　　50m

バルタザルと名前も付けられている。ところが、福音書（マタイによる福音書2・11）を読んでも、東方から幼子イエスに会いにやってきた占星術師の数も名前も書いていない。黄金と、乳香と、没薬を持ってきたとあるだけである。そこで、3人だったと類推されたわけだが、実は初期キリスト教時代にはその数はまだ一定していなかった。

　カタコンベを掘る職人をイタリア語でフォッソーレと言う。カタコンベ内に4世紀後半のフォッソーレのディオニシウスの一家のための私的な礼拝堂がある。残念ながらディオニシウスの肖像は破損してよく見えないが、足元に土を掘る用具がいくつも置かれている。フォッソーレを描いたフレスコ画はきわめて珍しいものである。

サンタニェーゼのカタコンベ
―――――――――――― Via Nomentana, 349

　サンタニェーゼのカタコンベはローマ北郊外のノメンターナ街道沿いにある。中心市街からは結構距離があるので、地下鉄B1線かバスで行く方がよい。

　カタコンベのある場所にはサンタニェーゼ教会もあり、別途項目を設けているので、そちらも見てほしい。サンタニェーゼの教会とカタコンベは、ディオクレティアヌス帝（異説もある）の迫害で殉教した乙女殉教者聖アグネスの墓を記念している。

　13ないし14歳の少女アグネスは純潔を守ることを神に誓っていた。聖人伝によれば、ローマ市長官の息子によって、キリスト教徒であると告発された。この男が結婚を望んだのに、断られたためである。アグネスはドミティアヌス帝の競技場、今のナヴォーナ広場に連れ出された。官吏によって彼女の服が取り去られたが、奇跡的に乙女の髪が伸び、裸を見られることはなかった。その後、火にかけられたが死ぬことはなく、最後には斬首された。聖アグネスは、子羊（アグヌス）と語感が似ているので、しばしば子羊とともに描かれる。神の子羊はキリストの象徴でもある。

第1章　四大聖堂と七巡礼教会、カタコンベ

　カタコンベは3世紀以前に造られ、4世紀以降に拡張された。3層あるが、規模としてはそれほど大きくはない。フレスコなどの絵画作品はほとんどない。

　あえて骨がそのままに残されている墓が2、3ある。ガレリアの一部では、上が庭園で、木の根が天井に見える場所もある。ガレリアの途中にある、ハムのシンボルが描かれるテッラコッタ板もおもしろい。

　サビナのクビクルム内にはフォッソーレ（カタコンベを掘る職人）を描いた大理石板が残っている。半分に割れてしまっているが、残された部分にフォッソーレの左半身とつるはし、飛び散る土、バケツなどが刻みこまれている。

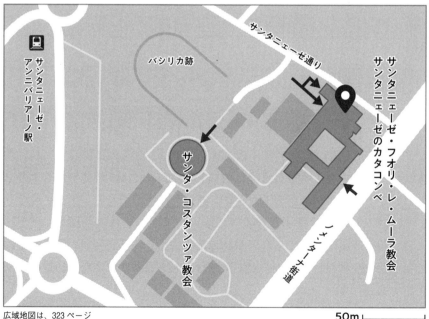

広域地図は、323ページ　　　　　　　　　　　50m

8. カタコンベ

プリシッラのカタコンベ

——Via Salaria, 430

　プリシッラのカタコンベはローマの北郊外のサラリア街道沿いにはある。サンタニェーゼのカタコンベとは街道筋が違うが、歩いても行ける距離である。テルミニ駅などからバスで行ってもよい。

　プリシッラはローマの婦人の名前で、使徒聖ペトロを賓客として迎えた元老院議員プデンスの母だと言われる。

プリシッラのカタコンベのある修道院の建物

　カタコンベは2-5世紀に造られた。中にはフレスコ装飾がたくさん見られる。壁に2世紀末から3世紀初頭のマリアを描いたフレスコがある

広域地図は、322ページ　　　　　　　　　　　　50m

第1章　四大聖堂と七巡礼教会、カタコンベ

が、現存する世界初のマリアの絵だと言う。

　地下礼拝堂が残されており、フレスコが残されている。ここでは司祭はミサを行うこともできる。

　この大礼拝堂の左後方にある礼拝堂はギリシア礼拝堂と呼ばれる。発掘の初期にギリシア語碑文（フレスコに書かれている）が見つかったためこの名がついた。殉教者の礼拝堂とも呼ばれる。この礼拝堂の壁には穴が開いていて、巡礼が中の石棺に手を伸ばしていたのだと言う。

　ギリシア礼拝堂はフレスコ装飾が素晴らしい。旧約続編のスザンナの情景（長老たちが水浴するスザンナを覗き見した上に、姦通でスザンナを告発したのを預言者ダニエルが救った）。上に東方三博士が描かれるが、3人で描かれるのは初めてである。旧約聖書のダニエル書3・1-30に描かれるユダヤの三青年（アナニア、ミザエル、アザリア）も描かれている。この3人はバビロニアのネブカドネザル王によって燃え盛る炉の中に入れられたが奇跡的に救われた。フェニクス（不死鳥）も描かれているが、キリスト教的画題でないフェニクスが復活の象徴として描かれるのはこの時代珍しいという。

　ギリシア礼拝堂の奥の部分には会食のシーンが描かれ、司祭がパンを割っている。これはミサの際のパンを割くこと（フラクティオ・パニス）を暗示している。そばにはパンの籠7つと魚2匹が置かれているが、こちらはイエスによる奇跡を暗示している（福音書のものとパンの数は違う）。ガリラヤ湖畔で会衆が多く集まったとき、パンと魚が少しあるばかりだった。ところが、イエスに命じられて弟子たちがパンと魚を会衆に分けると、パンと魚が増えて、全員を満たすことができたという（マタイによる福音書14・13-21、マルコによる福音書6・30-44、ルカによる福音書9・10-17、ヨハネによる福音書6・1-14）。

　このカタコンベに付属して、サン・シルヴェストロ・スッラ・ヴィア・サラリアという4世紀前半の教会もあるが、こちらは現在訪れることができない。教会内には、コンスタンティヌス大帝時代の教皇で、この教会の創建者教皇シルヴェステル1世の墓もある。

8. カタコンベ

その他のカタコンベ

　6月30日のローマ殉教者の祝日には通常公開していないカタコンベの一般公開がある。ローマには50余りのカタコンベがあるが、すべて教皇庁の聖なる考古学委員会管轄である。ローマ以外でも、イタリア全土のカタコンベがこの委員会の管轄に属する。

　ローマ以外でも、ローマ近郊のラツィオ州にいくつか公開されているカタコンベがある。アルバーノのサン・セナトーレのカタコンベ（アルバーノ市立博物館で申し込む）、ボルセーナのサンタ・クリスティーナのカタコンベである。

　トスカーナ州ではキウジにサンタ・カテリーナのカタコンベ（キウジ教区博物館で申し込む）がある。ナポリには二か所カタコンベがある。サン・ジェンナーロのカタコンベとサン・ガウディオーゾのカタコンベである。南イタリアのバシリカータ州のヴェノーザ、またシチリアのシラクーザ（サン・ジョヴァンニのカタコンベ）にも公開されたカタコンベがある。

　イタリア国外だが、マルタ共和国のラバトにも公開されているカタコンベ（聖アガタのカタコンベ、聖パウロのカタコンベなど）がある。なお、パリのカタコンベは、パリ各地の共同墓地の遺骨を、近代になって古い石切り場跡に移したもので、正式な意味でのカタコンベとは言えない。

第 2 章
トラステヴェレ周辺の教会

第2章　トラステヴェレ周辺の教会

 ## *1.* サンタ・マリア・イン・トラステヴェレ
Santa Maria in Trastevere

――――――――――――――*Piazza di Santa Maria in Trastevere*

トラステヴェレというのは、「テヴェレの向こう側」を意味する。テヴェレ川の右側の岸にある地区で、ヴァティカン地区の南側に位置する。後ろ側にはジャニコロの丘が控えている。テヴェレ河岸の通りと、トラステヴェレを南北に二分する、トラムの走るトラステヴェレ大通りを除くと、あまり大きな道はなく、裏道に入ると縦横に狭い道が入り組んで、まるで迷路のようである。ローマらしさを色濃く残す地区で、庶民的なレストランも多く並ぶ。

サンタ・マリア・イン・トラステヴェレのファサード

　ローマの中心からは川の反対側になるが、古くからローマの市域に組み込まれてきた。ユダヤ教徒やキリスト教徒が最初に住んだ地区とも言われている。このトラステヴェレのシンボル的教会が、このサンタ・マリア・イン・トラステヴェレ教会である。

　サンタ・マリア・イン・トラステヴェレは大通りに面していないので、最初は少しわかりづらいかもしれない。ラルゴ・アルジェンティーナ広場から来るトラムがテヴェレ川を渡り、最初の電停で下りた先の広場に次項のサン・クリゾーゴノ教会が見える。この教会手前の広場から右に曲がって、細い道をまっすぐ行くと、噴水のあるサンタ・マリア・イン・トラステヴェレ広場に出る。教会はこの広場に建っている。

　伝承によれば、教会は3世紀前半に、教皇カリストゥス1世によって創建された。当初はきちんとした聖堂を持つ教会ではなく、家に礼拝の場所

1. サンタ・マリア・イン・トラステヴェレ

や洗礼堂に当たる部分を設けた家＝教会、つまり家庭教会（ローマでは、家庭教会の前に所有者の名前を記した銘板を掲げる習慣があったので、ティトゥルス、つまり名義教会と呼ばれる）であった。そのため、当初はカリストゥスの名義教会と呼ばれていた。独立した教会堂が設けられたのは、4世紀半ばのことである。

　教会は中世の間に幾度も改築され、近世においても何度も手が加わっているが、現在の教会の基本形は12世紀のロマネスク教会である。とは言っても、まるで初期キリスト教時代の教会であるような趣きが漂っている。

　ファサードの上の方にはフレスコによる装飾がある。天使の姿がうっすら見えるだけで、ほとんど消えかかっているため、あまり判然としない。

　その下のモザイク装飾は実にきれいである。真ん中に聖母子がいる。その足元にひざまずいているのは、このモザイクを提供した寄進者である。その両脇には左右5人ずつ、女性が描かれている。モザイクの中心部分、

広域地図は、324ページ　　　　　　　　　　　50m

聖母子と寄進者と左右2人ずつの女性聖人が描かれた部分は13世紀に描かれたもので、両端の3人ずつは少し後、14世紀初めに描かれたものである。

かつては、この5人ずつの女性たちは、「賢い乙女と愚かな乙女」を描いているものとされてきた。マタイによる福音書25・1-13に描写登場するたとえ話である。

10人の乙女がいて、5人は賢く、残りの5人は愚かだった。10人はともし火（ランプ）を持って花婿を待っていた。賢い5人はともし火と一緒に油を用意していたが、残りの5人はそれを忘れていた。花婿たちの到着が遅れたので、皆眠り込んでしまった。真夜中頃、花婿たちが到着した。乙女たちは急いでともし火の準備をした。賢い乙女たちはすぐに準備を整えることができたが、愚かな乙女たちは油がなく、油を買いに行っているうちに、婚宴の戸が閉められた。油を買って戻ってきても、すでに遅かった。天の国の到来にいつも心を準備していなさいというたとえである。

聖母子の周囲に5人ずつの女性が描かれているが、これは「賢い乙女と愚かな乙女」を描いているのではなく、単に女性聖人を左右5人ずつ描いているだけのようである。それは中央寄りの2人ずつと外側の3人ずつの描かれた時期が違うことからも分かる。

ファサード下のポルティコは18世紀初めに造られたものだが、初期キリスト教時代や中世の碑文、受胎告知などを描いた中世のフレスコなどが飾られている。右手に見えるロマネスクの鐘塔は12世紀半ばに建てられた。

教会の中に入ると少し薄暗い。さっそうと並ぶ円柱と柱頭の上に、梁（はり）が一直線に並ぶ。円柱の上が半円アーチではなく、一直線の梁が置かれていることによって、初期キリスト教時代建築のような雰囲気が漂っている。円柱、柱頭その他の建築資材は、12世紀の改築時に、古代ローマのカラカラ浴場から運び込まれたものである。床のコズマーティ装飾は19世紀のもので、残念ながらオリジナルのものではない。

身廊の前の方に行ってみよう。身廊と内陣を隔てる壁に「FONS OLEI」

1. サンタ・マリア・イン・トラステヴェレ

と書かれている。これは「油の井戸」という意味で、伝説によれば、紀元前38年に、この場所で井戸から黒い油が噴出したとされている。石油だったのか、単にテヴェレの汚い黒い水だったのかは分からないけれども。

「油の井戸」。この場所で前38年に油が噴出したという伝説がある。

後陣モザイクは12世紀半ばに制作されたものである。中心にあるのはキリストによる聖母の戴冠である。聖母はその死（「御眠り」とも言う）後に天に引き上げられ（「聖母被昇天」）、息子のキリストによって戴冠（「聖母戴冠」）された。聖母は若々しく、女王のような気品に満ちている。

聖母戴冠を囲むのは使徒や聖人た

12世紀の後陣モザイク

ちである。右に使徒聖ペトロ、教皇聖コルネリウス、教皇聖ユリウス1世、司祭殉教者聖カレポディウス、左に教皇聖カリストゥス1世、助祭殉教者聖ラウレンティウス、教皇インノケンティウス2世が囲んでいる。

その下には子羊たちが描かれている。中央は神の子羊で、もちろんキリストである。周りの12匹の子羊たちは十二使徒を表している。子羊の右の町はエルサレム、左の町はベツレヘムである。

子羊たちの下に描かれる「聖母の生涯」は画家ピエトロ・カヴァッリーニによるもので、1291年制作なので、上のモザイクより1世紀半近く後に描かれた。聖母の誕生、受胎告知、キリスト御降誕、東方三博士の礼拝、イエスの神殿奉献、聖母の御眠りなどの情景が描かれている。

後陣アーチの中心には十字架とAおよびΩがある。右側に描かれているのは預言者エレミヤで、左側に描かれているのが預言者イザヤである。

83

第2章　トラステヴェレ周辺の教会

トリエント公会議を描いたフレスコ

四福音書のシンボルが描かれており、右からルカ（牛）、ヨハネ（鷲)、マタイ（羽根の生えた人）、マルコ（ライオン）である。

祭壇のある内陣には12世紀の復活祭燭台がある。大理石の司教座も同様に12世紀に造られたものである。いずれもロマネスク様式である。

内陣の左側にあるアルテンプス礼拝堂は実に興味深い。16世紀末に建てられた。この礼拝堂には6-7世紀の聖母子の絵（『柔和の聖母』）が置かれている。同礼拝堂には、画家パスクァーレ・カーティが1588年描いたトリエント公会議の壁画もある。

トリエント公会議とは、マルティン・ルターやジャン・カルヴァンといった16世紀の宗教改革に対して、カトリック側が開いた改革のための会議である。ドイツ圏にも近い北イタリアのトレント（トリエント）という町で1545-63年に開催された。開催期間が長いのはセッションが多かったためだけでなく、幾度となく中断されたからである。トリエント公会議によりカトリック教会の刷新が行われ、その影響は20世紀の第二ヴァティカン公会議（1962-65年）に至るまで続いた。

2. サン・クリゾーゴノ *San Crisogono*

―――――――――――――――――Piazza Sonnio, 44

　サン・クリゾーゴノ教会は、トラステヴェレ大通り沿いにある。ラルゴ・アルジェンティーナ方面からガリバルディ橋を渡って、トラステヴェレに入ってすぐの所にある。トラムの走る大通り沿いなので、見つけやすいだろう。

サン・クリゾーゴノのファサード

　この教会も、サンタ・マリア・イン・トラステヴェレと同じように、もともとは家庭教会＝名義教会だった。創建されたのは5世紀で、ローマの司祭クリソゴヌスの家に礼拝の場所を設けたものである。しかし、教会名になっているクリソゴヌスは実は別人である。クリソゴヌスの名義教会が5世紀末から6世紀初め頃に独立した教会堂に建て直された時に、もともとの持ち主であった司祭クリソゴヌス（聖人ではない）ではなく、ローマ皇帝ディオクレティアヌス時代に殉教した、北イタリアのアクィレイアのクリソゴヌスにささげられるようになった。同名の異人に名前が変わったわけである。

　その後何度も教会は修復されたが、現在の教会の基本形は12世紀前半のロマネスク時代の再建である。近世になってからも幾度か修復の手が入っている。

　教会の正面部分は17世紀初めに造り直された。ポルティコ部分もその時に付け加えられた。教会の右側には、12世紀の再建時のロマネスク鐘塔が残っている。

　教会の内部は、サンタ・マリア・マッジョーレと同じように、円柱と柱頭の上にまっすぐに梁が走っている。床のコズマーティ装飾は、13世紀

第 2 章　トラステヴェレ周辺の教会

後陣にある 13 世紀末のモザイク

のオリジナルのものである。

　内陣には天蓋が置かれている。円柱は古代の建築に用いられていたアラバスターという石材の円柱を再利用したものである。

　さらに、後陣には 1290 年頃、画家ピエトロ・カヴァッリーニ周辺の人物によってつくられたモザイクがある。中心に大きく描かれているのは、王座に座った聖母子である。聖母の頭の両脇には「MP ΘV」と書かれている。ギリシア語で「メーテール・テウー」すなわち「神の母」を意味している。聖母子の脇にいるのは、右側に使徒聖ヤコブ（大ヤコブ）、そして左側の軍人が教会のタイトルともなっているアクィレイアの聖クリソゴヌスである。

　内陣右側に 17 世紀中頃に建てられた礼拝堂がある。秘跡の礼拝堂と呼

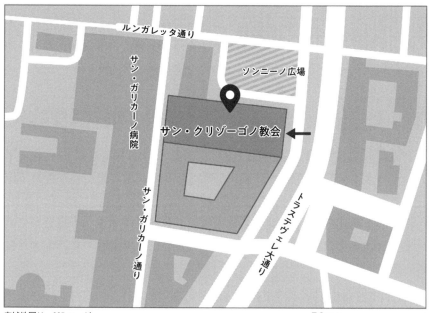

広域地図は、325 ページ　　　　　　　　　　　　　　　50m

ばれる礼拝堂で、ジャン・ロレンツォ・ベルニーニによって建てられたとされている。

　内陣左側奥には聖具室がある。有料であるが、ここから地下聖堂（クリプタ）に行くことができる。クリプタとはいっても、内陣の下に設け、聖人の遺物などを安置する本来の意味の地下聖堂ではない。家庭教会から建て直された最初の聖堂、つまり5-6世紀の教会堂が残っている部分である。

クリプタのフレスコ「聖ベネディクトゥスの生涯」

　最初の教会堂は今の教会と比べて規模もずっと小さかった。石やレンガの壁が残っていて、ところどころフレスコの壁画装飾もある。特に目立つのが、8-9世紀に描かれた「聖ベネディクトゥスの生涯」のフレスコ画である。西欧修道制の父となったこの聖人については、同じトラステヴェレにあるサン・ベネデット・イン・ピシヌーラ教会で紹介しよう。

第2章　トラステヴェレ周辺の教会

3. サンタ・チェチリア・イン・トラステヴェレ
Santa Cecilia in Trastevere

―――Piazza Santa Cecilia, 22

　サンタ・チェチリア・イン・トラステヴェレ教会は、サンタ・マリア・イン・トラステヴェレ教会と並んで、トラステヴェレ地区を代表する教会である。この教会はトラステヴェレ地区の東側にある。通りは少し入り組んでいるが、分かりにくい場合は、テヴェレにかかるパラティーノ橋（「壊れた橋」の近くにある橋）からヴァシェッラーリ通りを南下するか、蚤の市で有名なポルタ・ポルテーゼから、テヴェレ河岸を走る大通りの一本裏の細い通り（サン・ミケーレ通り）を北上するとよい。

サンタ・チェチリア・イン・トラステヴェレのファサード

　サンタ・チェチリア教会前には中世の家がある。トラステヴェレには結構中世の家が残っているので、見つけたら見上げてみよう。

　この教会は、伝承によれば、サン・カリストのカタコンベのところにも登場する乙女殉教者カエキリア（チェチリア）の家が2世紀にあったとされる。カエキリアの名義教会は5世紀に教会堂に建て直された。中世に何度か再建・修復が繰り返された。現在の教会の基本形は、12世紀初めのロマネスク教会の要素も残るが、18世紀前半の後期バロック様式の大規模改修時のものである。

　サンタ・チェチリア教会前には大きな庭（前庭という）がある。前庭の真ん中には噴水もある。これは実は初期キリスト教時代の大きな教会の建築伝統にのっとっている。コンスタンティヌス大帝から近世の改築に至るま

3. サンタ・チェチリア・イン・トラステヴェレ

でのヴァティカンのサン・ピエトロ前にもこのように四方を囲まれた前庭があった。

前庭には聖なる場所と俗なる場所を分ける意味がある。外の喧騒は教会の中まで入ってこない。また、俗なる外の世界から教会の聖なる空間に入る時に、泉で身を清めることもあった。初期キリスト教時代の伝統では、未信者やキリスト教教育を受けているがまだ洗礼を受けていない人（求道者、洗礼志願者）は、教会内で行われる典礼にあずかることができなかった。彼らは前庭から日曜のミサなどを聞いた。

正面は18世紀前半の改修時のもので、その下に古代の円柱を再利用して造られたポルティコがある。ポルティコの梁には12世紀の植物表現のモザイクが残っている。ポルティコ内には中世の碑文なども多く残されている。教会右側には、12世紀初めのロマネスク鐘塔もある。

中に入ると、トラステヴェレの他の教会に比べて明るい。18世紀の改修時に、上に窓が多く設けられたためである。トラステヴェレで先に紹介

広域地図は、325ページ　　　　　　　　　　　50m

89

第2章　トラステヴェレ周辺の教会

ステファノ・マデルノによる聖カエキリア（チェチリア）の像

した2つの教会と違って、円柱ではなくて柱で廊が分けられている。もともとはこの教会も、円柱で3つの廊が分けられていた。ところが、重さが支えきれなくなって危険になったため、19世紀前半に円柱を埋め込む形で柱が設置された。だから、もし柱を取り去ったら、中から円柱が出てくる。

　主祭壇の下に、サン・カリストのカタコンベの項で述べた、ステファノ・マデルノによる聖カエキリアの像（1600年頃）がある。こちらがオリジナルで、カタコンベにあるものはレプリカであるのは、すでに述べたとおりである。

　内陣には天蓋がある。これは、サン・ピエトロの「聖ペトロ像」と同じ彫刻家、アルノルフォ・ディ・カンビオが1293年に制作したものである。

　青を基調とした後陣モザイクは820年頃に作成された。いちばん上に「PASCAL」というモノグラムがあるが、教皇パスカリス1世がつくらせたものである。教皇パスカリス1世は、聖カエキリアの遺体をカタコンベからこの教会に移した人物でもある。

　モザイクの中央には、祝福するために右手を挙げ、左手に巻物（知恵の象徴）を持つキリストが描かれている。真上にある手は、父なる神の手である。

後陣モザイク

　キリストの右手にいる人物は、中央から使徒聖ペトロ、聖ヴァレリアヌス（カエキリアの夫）、そしてシチリアのカタニアの女性殉教者聖アガタ（乳房を切り取られたため、皿の上に乳房を乗せた姿で描かれることも多いが、このモザイクではそうではない）である。

90

3. サンタ・チェチリア・イン・トラステヴェレ

　キリストの左側には、内側から使徒聖パウロ、殉教者聖カエキリア、そして教皇パスカリス1世である。聖人の頭部には金色の光輪（ニンブス）が描かれる。一方で、7-9世紀のキリスト教絵画に特徴的なことだが、人物の頭部に長方形の水色のニンブスが描かれる時、聖人でないばかりか、当時その人物はまだ存命であったことを示している。

　これらの人物の両側にはナツメヤシの木が描かれている。これは殉教を象徴している。一方、足元の赤いデージーの花や、白いクロッカスのような花はあまりにかわいい。

　モザイクの下の部分は、サンタ・マリア・イン・トラステヴェレの後陣モザイクとも被るが、中央にXPすなわちキリストのモノグラムのある「神の子羊」（キリスト）と12の子羊（十二使徒）が描かれる。右側の町はエルサレム、左側の町はベツレヘムである。

　教会の左側後方から、有料だが、地下に行くことができる。大部分はローマ時代の家で、共和政末期（紀元前1世紀）から、2-4世紀の家の遺構である。古代のモザイクの床が残っている。古代およびキリスト教時代の碑文その他の出土品も飾られている。奥には1899-1901年に建てられた地下聖堂もあるが、こちらへは通常入れない。

　教会の前室の真上に修道女の共唱席と呼ばれる、聖務日課（朝、昼、夕方など一定の時間に行われる祈り）のための場所がある。開いていれば、教会左側の修道院入り口から入れる（有料）。ここには画家ピエトロ・カヴァッリーニによる『最後の審判』のフレスコがあり、1289-93年頃描かれた。中央にキリストがいて、それを天使たちが囲んでいる。右側には洗礼者聖ヨハネやペトロを始めとする使徒たちが6人いる。左側にはマリアやパウロを始めとする6人の使徒がいる。その下では、ラッパを吹く天使たち、そして右側には地獄に落ちる死者たち、左側には天国に向かう死者たちが描かれている。

第2章　トラステヴェレ周辺の教会

4. サン・フランチェスコ・ア・リパ
San Francesco a Ripa

Piazza San Francesco d'Assisi, 88

トラステヴェレ地区の南東部には、大きな川の港があった。テヴェレにはいくつか港があったが、「グラン・リパ」と呼ばれるこの港は、最も大きく、最もにぎわった港だった。テヴェレの河口付近、オスティアやポルトに着いた船は、より小さな川の舟に荷を積み替える。こうしてローマに物資が運ばれる。グラ

サン・フランチェスコ・ア・リパのファサード

ン・リパは古代からある港で、対岸（左岸側）のテスタッチョ地区では、ローマ時代に陶器の破片などを捨てた場所が、小高い丘となっている。グラン・リパは、近代になって水運が衰退するまで、二千年以上も栄えた。

　このグラン・リパに近い場所に、サン・フランチェスコ・ア・リパ教会はある。サンタ・チェチリア・イン・トラステヴェレの南西側、サンタ・マリア・イン・トラステヴェレからは、その名もサン・フランチェスコ・ア・リパ通りをまっすぐ行くと、その突き当たりに教会は建っている。

　教会は10世紀に創建された。当時はサン・ビアージョ・デ・クルテという名前だった。現在の名前に変わったのは、17世紀末の再建時である。教会はバロック建築である。

　アッシジの聖フランチェスコと言えば、カトリックの聖人の中では特に有名で、特にその清貧の思想が日本に紹介されている。フランチェスコは、中部イタリアのアッシジの裕福な商人ピエトロ・ディ・ベルナルドーネとフランス人の妻ピカの間に、1181年か1182年頃生まれた。

4. サン・フランチェスコ・ア・リパ

　もとは派手好きの闊達な青年だったが、ペルージャとの戦争で捕虜となったり、病気の経験などを通して徐々に回心していった。1206年のある日、アッシジ近郊に打ちすてられていたサン・ダミアーノの教会をフランチェスコが訪れた時、イエスの磔刑の絵が急に眼を見開き、教会を修復するよう告げたという。フランチェスコは教会の修復を始めた。ハンセン病患者など、当時差別を受けていた人々への奉仕もしていた。

　自分と同じように息子を商人にしようと考えていた父ピエトロは、フランチェスコの行動が気に入らなかった。息子を折檻し、さらには司教グイドのもとに訴えた。一方、フランチェスコは自分の服を脱ぎ、すべてを父に返した。

　フランチェスコは町を出て、粗末な袋を服とし、托鉢をして、乞食同然の生活をしながら神の言葉に生きた。当時、異端があちこちにはびこっており、フランチェスコとその仲間の集団も、異端の一つと見なされる恐れがあった。実際、フランチェスコの兄弟団にはアッシジの有力者の息子た

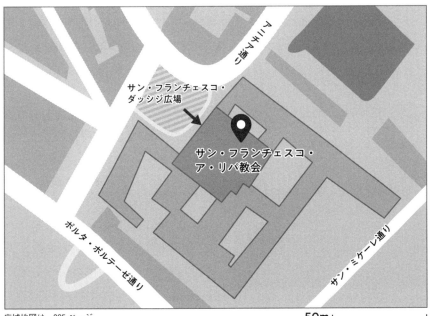

広域地図は、325ページ

第2章　トラステヴェレ周辺の教会

ちも参加しており、それを快く思わない人々により迫害を受けていた。

そこで、フランチェスコはローマの教皇インノケンティウス3世のもとを訪れ、1210年、口頭で会則（原始会則）の承認と修道会設立の認可を受けた。こうしてフランシスコ会（小さき兄弟会）が成立した。財産を持たず、生活の糧を托鉢に頼り（そのためドミニコ会、カルメル会、アウグスティヌス隠修士会と並んで托鉢修道会と呼ばれる）、貧しさの中で信仰に生きた。フランチェスコは1226年に亡くなり、死後わずか2年後に聖人に列せられた（列聖と言う）。

フランチェスコの生涯については、アッシジのサン・フランチェスコ教会上堂の、ジョットと弟子たちによる「聖フランチェスコの生涯」のフレスコを見るとよい。貧しさ、信仰だけでなく、例えばベヴァーニャの町の郊外で鳥に説教をするシーンなど、自然への愛（これは『太陽の歌』にも深く表れる）などにも心を打たれる。

さて、このサン・フランチェスコ・ア・リパ教会は、アッシジの聖フランチェスコと実際に関わりがある。フランチェスコがローマに来た時、滞在したのがこの教会だったのである。この縁で、1229年にこの教会はフランシスコ会所有となり、教会も1235年に再建された。この時の教会は、先に述べた17世紀末の再建によってすでに残っていない。

この教会には、彫刻家ジャン・ロレンツォ・ベルニーニの傑作がある。教会の左袖廊にある「福者ルドヴィカ・アルベルトーニ」の彫刻である。1671-74年に制作された。

福者ルドヴィカ・アルベルトーニは、1474年に生まれ、1533年に亡くなったローマの貴族の女性である。夫の死後未亡人となった彼女は、フランシスコ会の第三会（男子の小さき兄弟会を第一会、女子のクララ

ベルニーニによる「福者ルドヴィカ・アルベルトーニ」

94

会を第二会とすると、第三会は信徒の会で、世俗に生きながらフランチェスコの霊性を実践する)に入会した。貧しい人々に自分の館を提供し、苦しんでいる人々を助けた。

ベルニーニの彫刻は、1671年に行われた彼女の列福（福者に列し、公的な崇敬を認めること）を機に制作された。信仰と神の愛に満たされて法悦（エクスタシー）状態にある福者ルドヴィカの姿を表している。

有料だが、聖具室で申し込めば、上の階にある聖フランチェスコが泊まった部屋も訪れることができる。小さな部屋で、現在は礼拝堂になっている。聖フランチェスコ、パドヴァの聖アントニウス、トゥールーズの聖ルドヴィクスを描いた祭壇画は複製で、オリジナルはヴァティカン博物館の絵画館にある。右側の壁に聖フランチェスコが頭を休めたとされる石の枕が飾られている。

第 2 章　トラステヴェレ周辺の教会

5. サン・ベネデット・イン・ピシヌーラ
San Benedetto in Piscinula

———————————————————————*Piazza in Piscinula, 40*

サン・ベネデット・イン・ピシヌーラの
ファサード

　サン・フランチェスコ・ア・リパ教会がイタリアの守護聖人アッシジの聖フランチェスコと関係があるとすれば、こちらのサン・ベネデット・イン・ピシヌーラ教会は、西欧の修道制の師父にしてヨーロッパの守護聖人である聖ベネディクトゥスと関係があるとされる。教会はテヴェレの中州のティベリナ島からつながるチェスティオ橋のすぐそばにある。

　教会としての創建は 8 世紀だが、起源はさらに古く、ノルチャ（ヌルシア）のベネディクトゥスが 5 世紀末頃築いた庵と礼拝堂が起源だとされる。現在の教会は、後世の修復もあるが、11 世紀末から 12 世紀初頭の再建時の教会を基本とし、ロマネスク様式が基調となっている。

　ノルチャの聖ベネディクトゥスは 480 年頃、ウンブリア地方のノルチャの町で生まれた。若い頃ローマで勉学をしたのだが、伝承では、そのとき住んでいたのがこの場所だとされている。

　ベネディクトゥスは貴族の生まれで、古代末期のアニキ家の子孫だとされる。トラステヴェレのこの場所に、アニキ家は別荘を持っていた。「ピシヌーラ」という名前は、この別荘に付属した養魚池（ピシーナ）からきている可能性がある。親類のアニキ家に場所を借りて、ベネディクトゥスは庵と小さな礼拝堂を建てて住んだとされている。

　ベネディクトゥスは 3 世紀半ばから 4 世紀に半ばにかけてのエジプトの

96

聖人、師父聖アントニオスをモデルとした。アントニオスはエジプトの砂漠にこもり、修道生活を確立した。「聖アントニオスの誘惑」という画題で有名なこの聖人の生涯は、三位一体の正統信仰の擁護者で教父アレクサンドレイアのアタナシオスが書いた『聖アントニオス伝』で広くキリスト教世界に知られていた。

ベネディクトゥスは有名な『聖ベネディクトゥスの戒律』を書いた。これは、隠修生活ではなく、共住修道生活のために書かれたものである。『聖アウグスティヌスの戒律』と並んで、托鉢修道会の登場まで、西方教会の二大修道規則であった（むしろ、この二つの修道規則しか認められていなかった）。

「聞け、子らよ」で始まる『聖ベネディクトゥスの戒律』は、厳しい修道生活の中にも、寛容の精神が生きている。一律に規則を押しつけるのではなく、地域の特殊性、あるいは特別な状況なども考慮して、生活一般にある一定の自由も持たせている。

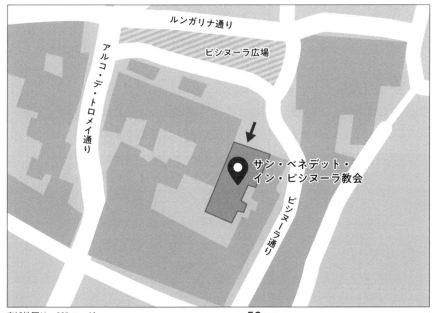

広域地図は、325 ページ

第2章　トラステヴェレ周辺の教会

　ベネディクトゥスはローマ東郊外の山中にあるスビアコの洞窟にこもって隠修生活を送った。旧約聖書の預言者エリヤと同じように、カラスがパンを運んできたと言われる。そのため、ベネディクトゥスは、絵画表現においてカラスとともに描かれる。ベネディクトゥスの周辺には、弟子が集まりだした。隠修生活を続けることは難しかった。

　ヴィコヴァーロでは、ベネディクトゥスの人気に嫉妬した修道士たちが、彼のカップに毒を入れて殺そうとする事件も起こった。ベネディクトゥスがカップを手に取ると、奇跡によりカップが割れ、ことが露見し、聖人の命も助かった。

　529年頃、ベネディクトゥスはローマから南東に離れたモンテカッシーノに共住修道院を創立した。モンテカッシーノは古代都市カッシーノを見下ろす山上にある。『戒律』も、モンテカッシーノの修道士たちのために書かれたものである。聖人が帰天したのは、547年頃とも、560年頃ともされる。なお、聖人の伝記は大教皇グレゴリウス1世が『対話』の中に記している。

　聖人の死後、ベネディクトゥスの戒律を採用する修道院はヨーロッパ各地に広がった。アルプスの北側、特にイギリスやドイツ、オランダなどでは、ベネディクト会修道院がキリスト教の福音宣教の中心となった。10-11世紀には改革ベネディクト修道会であるクリュニー修道院やシトー会なども生まれた。15世紀以降修族（修道院連合）が生まれ、19世紀末に、首席院長のもと全体を統括するベネディクト会連盟が組織され、現在に至る。

　さて、サン・ベネデット・イン・ピシヌーラのファサードは17世紀後半のものである。付属する小さなロマネスク鐘塔は、11世紀末から12世紀初頭頃の再建当時のものである。

　教会内には前室がある。この空間

「聖ベネディクトゥス」など中世のフレスコ

98

5. サン・ベネデット・イン・ピシヌーラ

には中世のフレスコがいくつか残っている。描かれた時期はまちまちで、11世紀のものから14世紀のものまである。「聖ベネディクトゥス」のフレスコは13世紀末に描かれた。

この前室左側には、聖母礼拝堂がある。祭壇にある聖母子のフレスコは14世紀のものだが、床はさらに古く、12世紀のコズマーティ装飾がなされている。

聖母礼拝堂に隣接して、「聖ベネディクトゥスの独房」と呼ばれる空間がある。ロー

「聖ベネディクトゥスの独房」

マ勉学中、ベネディクトゥスはこの空間で修道生活を送っていたのだという。12歳くらいからローマで勉強していたと言われるが、それにしても空間はあまりに狭すぎる。仮に本当にベネディクトゥスの部屋だったとしても、もともとはもう少し大きな部屋だったのではないかと思う。

教会の中はロマネスク教会らしく、円柱の上に半円アーチが並ぶ。壁はレンガの壁で、実に質素である。床には12世紀のコズマーティ装飾がある。後陣の壁には13世紀のフレスコ「聖母子と聖人たち」の他、近世のフレスコが残る。

第2章　トラステヴェレ周辺の教会

6. サンタ・マリア・デッロルト
Santa Maria dell'Orto

―――――――――――――――――― *Via Anicia, 10*

サンタ・マリア・デッロルトは、サン・フランチェスコ・ア・リパの北側にある教会である。「菜園の聖母」という聖画があり、教会の名前もそこから取られている。

もともとはこの場所に、菜園が広がっていた。菜園の壁に、15世紀半ば頃、聖母子のフレスコ画が描かれた。この聖母子の絵が奇跡を起こすと評判になり、15世紀末に小さな礼拝堂が建てられた。その後まもなく、礼拝堂は教会堂に建て直された。16世紀半ばに教会はまた再建された。18世紀に改装を

サンタ・マリア・デッロルトのファサード

受けているが、この16世紀教会が現在の教会の基本形である。後期ルネサンス様式建築と、バロック装飾の教会である。

「菜園の聖母」

この、あまり名前の知られていない教会を取りあげたのは、この教会が日本人と関わりがあったためである。その日本人とは、16世紀末にローマを訪れた、天正少年使節団である。

イエズス会士で、巡察使として日本を3度（1579-82年、1591-92年、1598-1603年）訪れたことがあるアレッサンドロ・ヴァリニャーノの発案で、キリシタン大名である豊後のフランシスコ大友義鎮（宗麟）、肥前大村のバル

100

6. サンタ・マリア・デッロルト

トロメオ大村純忠、肥前有馬のプロタジオ有馬晴信らが、1582年、ローマに使節を送った。名代として送られたのが、伊東マンショ、千々石ミゲル、中浦ジュリアン、原マルチノの4人である。4人とも1569年頃の生まれで、13歳前後の少年だった。前2人が正使、後2人が副使であった。

1582年の2月20日に長崎を出発した一行は海路をマカオ、ゴア（ヴァリニャーノはゴアにとどまった）を経て、喜望峰を回り、1584年夏にリスボンからヨーロッパに上陸した。エル・エスコリアル宮殿とマドリード、モンセラート大修道院とバルセローナ、フィレンツェなどを経て、1585年3月にローマに入った。

ローマでは当時のイエズス会本部（ジェズー教会のある修道院）に滞在し、教皇グレゴリウス13世に歓待された。ローマ滞在中に教皇グレゴリウス13世が亡くなり、一行は新教皇シクストゥス5世の戴冠式に参列している。

同年6月にはローマを出発し、北イタリアを訪問した後、スペインを経

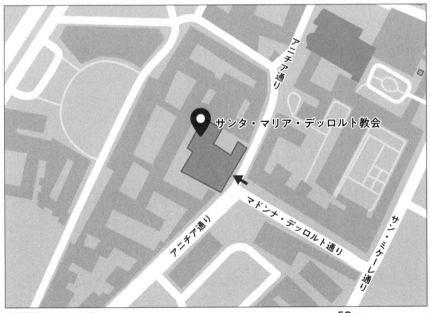

広域地図は、325ページ

第2章　トラステヴェレ周辺の教会

由して翌1586年4月にリスボンを出航した。1587年5月にゴアに着くが、1590年まで長期にわたってゴアに滞在する。ヴァリニャーノを伴って長崎に帰ったのは、1590年7月21日のことだった。

　伊東マンショは後にイエズス会に入会、マカオの神学校で学び、司祭に叙階される。1612年頃に長崎で病死した。千々石ミゲルも他の4人と同じくイエズス会に入会するが、その後退会している。後に棄教し、没年も分かっていない。中浦ジュリアンもイエズス会に入会、マカオで学び、司祭に叙階されている。1633年に逆吊りの刑に処せられ、殉教した。2008年にペトロ・カスイ岐部など187名の殉教者と一緒に、長崎で列福されている。原マルチノもイエズス会に入会、マカオで学び、司祭に叙階されている。1614年に追放され、1629年にマカオで亡くなっている。

　壮絶な4人の後半生と比べるとむしろささやかなものだが、使節のローマ滞在中に、サンタ・マリア・デッロルト教会に関する奇跡が起こったとされる。ローマ滞在中のある日、少年たちの一行はオスティアへ舟遊びに出かけた。グラン・リパに近かったので、その日の朝、一行はサンタ・マリア・デッロルトの教会に寄った。教会では、奇跡のうわさのある「菜園の聖母」の前で祈りをささげた。

　その後、舟でテヴェレ川を下り、オスティアで海まで出た。海での舟遊びは楽しいものであったが、突然天候が急変し、嵐となった。小さな舟は嵐に大きく揺さぶられ、沈みそうになった。激しい風もあって、難破しそうになった。死の危険を感じた彼らは、神に祈った。ふと、朝に訪れた教会の「菜園の聖母」が思い出された。皆、一心不乱に、助けを求めて聖母にとりなしを願った。祈りが届いたのか、やがて嵐はやみ、舟は沈まずにすんだ。一行は助かった。これが天正少年使節団に関する「菜園の聖母」の奇跡である。

　教会のファサードは横にとても長い。この

中浦ジュリアンの祭壇

ファサード部分は16世紀半ばから後半頃造られた部分である。主祭壇には、何度も話題になっている15世紀半ばの「菜園の聖母」のフレスコが安置されている。フレスコ装飾が教会内の一面になされているが、16世紀半ばの部分と、18世紀初頭の部分がある。2008年の列福の後、ジュリアン中浦にささげられた祭壇（右第3礼拝堂）も設けられた。

　復活祭のこの教会は壮観である。聖木曜日に213本ものろうそくが聖母の絵の周辺に置かれるからである。

第2章　トラステヴェレ周辺の教会

7. サン・ピエトロ・イン・モントーリオ
San Pietro in Montorio

Piazza San Pietro in Montorio, 2

サン・ピエトロ・イン・モントーリオはトラステヴェレの後ろ側にある丘、ジャニコロの上にある。サンタ・マリア・イン・トラステヴェレのほぼ真裏で、直線距離は近いが、標高差がある。ジャニコロの上にあるパオラの噴水やサン・パンクラツィオ門からも近い。

教会名となっている「モントーリオ」は、「黄金の山」という意味で、ジャニコロの丘の別名である。土が黄土色をしているためである。そして、使徒聖ペトロの殉教の記憶とも結びついている。

サン・ピエトロ・イン・モントーリオのファサード

今でこそ、使徒聖ペトロの殉教はヴァティカンの競技場（ネロの競技場）で起こったことが分かっているが、かつては別の伝承もあった。中世においては、このジャニコロの丘の上でペトロが殉教したとされていた時期もあった。そのため、この教会はペトロの殉教地として、この使徒たちの長にささげられているのである。

教会は8世紀頃に創建された。もともとペトロにささげられていたのではなく、聖天使や聖母マリアにささげられていた時期もある。現在の教会は15世紀末に再建された時のもので、ルネサンス様式をしている。

この教会には、実は何人かの有名な芸術家の作品がある。右側の第1礼拝堂にはセバスティアーノ・デル・ピオンボによる1518年の絵「イエスの鞭打ちと聖フランチェスコ、聖ペトロ」（逮捕されたイエスがローマの警吏

によって鞭打たれるシーン)がある。この作品は、実はミケランジェロのデザインではないかとされている。

右側第5礼拝堂にジョルジョ・ヴァザーリによる絵「パウロの回心」(1551年)がある。このジョルジョ・ヴァザーリは画家としてよりも、『芸術家列伝』(初版1550年、改訂版1568年)の著者として知られているだろう。この人は、ルネサンス(彼にとっては「リナシタ(再生)」)の芸術を、ルネサンスの時代を、中世とは一線を画す新しい時代だと考え(フランスの歴史家ジュール・ミシュレが「ルネサンス」という言葉を生みだす3世紀も前の時代である)、この時代の画家や彫刻家、建築家らの生涯を伝記にして、一つにまとめた。

史料的な制約もあって、特に15世紀以前の部分に関しては間違いも多いのだが、ヴァザーリによるルネサンスという文化的躍動の時代の芸術家の生涯に関する証言は、とても貴重なものである。現在まで伝えられているルネサンスの芸術家たちのエピソードの多くは、この『芸術家列伝』か

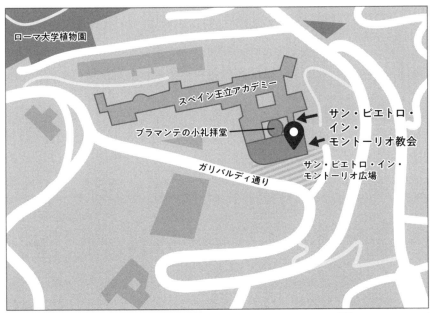

広域地図は、324ページ　　　　　　　　　　　　　50m

第2章　トラステヴェレ周辺の教会

「聖アンナと聖母子」、15世紀のフレスコ

ブラマンテの小礼拝堂

ら取られたものである。

　ヴァザーリの画家としての作品としては、東京の国立西洋美術館に「ゲッセマネの祈り」がある。最後の晩餐の後、ペトロ、福音記者ヨハネ、大ヤコブの3人の弟子を伴ってオリーヴの園に行き、祈るイエスの姿が描かれている。このすぐ後イエスは逮捕され、裁判にかけられ、そして十字架刑に遭うことになる。

　教会の左側第2礼拝堂（ライモンディ礼拝堂）はベルニーニによって設計された。左側第3礼拝堂に15世紀のフレスコ「聖アンナと聖母子」（画家アントニアッツォ・ロマーノの模倣者による）がある。

　教会の右側には回廊がある。この回廊の真ん中に立つのが、ブラマンテの小礼拝堂（テンピエット）である。後にサン・ピエトロのクーポラを手がけることになる、フィレンツェ出身の建築家ドナート・ブラマンテが建てたルネサンス建築の傑作である。

　ブラマンテがこの小礼拝堂を建てたのは、1502-07年頃（異説もある）とされる。この円形の建物は、ルネサンスの建築の理想を実現したものとされる。マルケ地方、ウルビーノの公爵宮殿にある、「理想都市」（ルチアーノ・ラウラーナに帰属）の絵を、より小さな次元で現実に移したかのようである。

　小礼拝堂は二層に分かれている。下堂へのアクセス部分は、1628年にジャン・ロレンツォ・ベルニーニが付け加えたものである。

第 3 章

ヴェネツィア広場、ポポロ広場周辺の教会

第3章　ヴェネツィア広場、ポポロ広場周辺の教会

🏠 *1.* サン・マルコ *San Marco*

——————————————*Piazza di San Marco*

　ローマのチェントロ（中心）中のチェントロと言えば、やはりヴェネツィア広場である。イタリア統一のシンボルである「ヴィットリアーノ（祖国の祭壇）」（1885–1935年に統一イタリアの象徴として建設された）があり、その周辺にこの大きな広場がある。古代の共和政ローマの政治の中心フォーロ・ロマーノや宗教の中心カンピドーリオ（カピトリウム）も、すぐそばである。

サン・マルコのファサード

　本当かどうかは分からないけれど、ヴィットリアーノには、次のようなエピソードがある。ヴィットリアーノの建設のため、建築家を競い合わせるコンペがあった。優勝したのは、なぜかローマ生まれとはいえオーストリア人のカイェタン・コッホだった。さすがに国家の象徴に外国人はまずいということで、コッホには共和国広場（旧エセドラ広場）の建設を依頼して、改めてコンペを行ってイタリア人ジュゼッペ・サッコーニが設計することとなったのだと言う。

　ヴィットリアーノはローマ市内のあちこちから見える。自分のいる位置を知るにはちょうど良い。あまりに見えすぎるせいか、しばしば「醜いタイプライター」だとか、「醜いアコーディオン」だとか、揶揄される。大気汚染の影響で、すぐに真っ黒くなってしまうため、定期的に清掃も必要である。さらにいけないのが、後ろ側に今世紀になって建設されたエレベーターである。緑色のガラスのエレベーターは周囲と調和していない。とっくに建設費の回収は終わっていて、景観に影響を与えないように内部

に新しいエレベーターを建設して、醜い今のエレベーターは撤去することになっているのだが、いかんせんイタリアのこと、何年たってもまだできあがらない。閑話休題。

ヴェネツィア広場から東にはコロッセオに向かうフォーリ・インペリアーリ通り（ファシスト政権時代に遺跡を埋めて建設された）、西にはヴァティカンの方面に向かうヴィットリオ・エマヌエーレ2世通り（19世紀後半に統一イタリア王国によって建設された）、北には古代からの道であるコルソ通り、南にはかつてのファシスト政権時代の「海の道」であるマルチェッロ劇場通りが走っている。広場は交通の要所でもある。

この広場にヴェネツィア宮殿は建っている。1455-64年、ヴェネツィア出身のピエトロ・バルボ枢機卿が宮殿を建設した。バルボ枢機卿は1464年に教皇パウルス2世となり、そのままヴェネツィア宮殿に教皇庁の機能を移した。それから約一世紀の間、ヴェネツィア宮殿は教皇の住居として機能した。

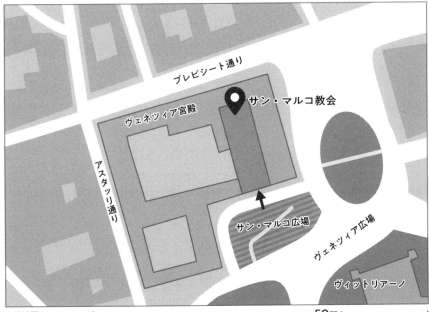

広域地図は、327ページ

第3章　ヴェネツィア広場、ポポロ広場周辺の教会

ポルティコにある獅子像

　イタリア王国による教皇領の併合（1870年）以後、ヴェネツィア宮殿は国家に接収された。ファシスト政権時代、統帥（ドゥーチェ）ベニト・ムッソリーニが演説を行ったのは、この宮殿の東側の中心の窓であった。

　サン・マルコ教会は、現在このヴェネツィア宮殿の中に組み入れられているが、もともとは独立した教会であった。4世紀前半に教皇マルクスの名義教会として創建された。教会は同名の福音記者マルコにささげられた。教会は9世紀前半に再建され、パウルス2世時代の1465-70年、建築家レオン・バッティスタ・アルベルティの設計で改築される。9世紀の中世初期の部分と、ルネサンス様式が混じりあっている。

　ファサードには、コロッセオやマルチェッロ劇場からの石材が用いられている。このファサード下にはポルティコが設けられている。碑文などがあるほか、ロマネスクの獅子像が扉の両側を守っている。教会には、12世紀半ばのロマネスク鐘塔もある。

　教会内部、入り口付近には、9-10世紀の大理石製の井戸囲いがある。床は一部がコズマーティ装飾（15世紀）である。コズマーティ装飾は、身廊部分においては一部だけだが、高くなっている内陣部分では、ほぼ全面的に用いられている。

後陣モザイク

　後陣モザイクは、9世紀の再建時、教皇グレゴリウス4世時代のものである。上にグレゴリウスのモノグラムがある。父なる神の手があり、その下に、キリストがいる。キリストを中心に、右には教皇聖マルクス、助祭殉教者聖アガピトゥス

（ウァレリアヌス帝の迫害で殉教）、乙女殉教者聖アグネス、左に助祭殉教者聖フェリキッシムス（ウァレリアヌス帝の迫害で殉教）、福音記者聖マルコ、グレゴリウス4世が描かれる。青いニンブス（光輪）のグレゴリウス4世当時が存命なのは、サンタ・チェチリア・イン・トラステヴェレのケースと同じである。その下には神の子羊と12の子羊たち、エルサレムとベツレヘムの町が描かれている。

後陣アーチにもキリストが中心にいる。それを囲むようにして四福音書のシンボルが描かれる（右からマルコ、ヨハネ、マタイ、ルカ）。その下には右に聖ペトロ、左に聖パウロが描かれている。

地下には半円形のクリプタがある。これも9世紀のものである。

第3章　ヴェネツィア広場、ポポロ広場周辺の教会

🏛 2. サンタ・マリア・イン・アラチェリ
Santa Maria in Aracoeli

—————————————————*Scala dell'Arce Capitolina, 12*

サンタ・マリア・イン・アラチェリのファサード

　カンピドーリオは、古代ローマの宗教の中心であった。フォーロ・ロマーノの真上にウェディオウィス神殿（前196年）があり、また丘の中心にユピテル神殿、正しくはユピテル、ユノ、ミネルウァのカピトリウム神殿（前509年）があった。

　現在、カンピドーリオの中心を占めるのは、ミケランジェロが設計した広場と、その中心に置かれるマルクス・アウレリウス帝の騎馬像（オリジナルはカピトリーニ博物館内）、奥にあるローマ市の市庁舎（セナトリオ館）、左右にある市立カピトリーニ博物館の二つの館（コンセルヴァトーリ館、ヌオーヴォ館）である。

　カピトリーニ博物館は数々の名作を所蔵しているので、ぜひお勧めしたい。「刺を抜く少年」、ローマのシンボルである「雌狼」（ローマ北方の先住民であるエトルリア人による彫刻で、ロムルスとレムスとされる子どもの像はルネサンス時代に追加された）、「マルクス・アウレリウス騎馬像」、「瀕死のガリア人」、「コンスタンティヌス大帝」などの古代彫刻の他、絵画館もあり、カラヴァッジョの作品も複数所蔵している。ウェディオウィス神殿やカピトリウムの神殿遺構を見ることもできる。前者からは、フォーロ・ロマーノの眺めも楽しめる。

　カピトリーニ博物館のヌオーヴォ館の後ろ、ヴィットリアーノに挟まれる形で、サンタ・マリア・イン・アラチェリ教会は建つ。下のアラチェリ

2. サンタ・マリア・イン・アラチェリ

広場からも、一直線に階段が伸びている。

「アラチェリ」という名前は、「天の祭壇」というラテン語である。これは、中世に起こった伝説に基づく名前である。この伝説によれば、ローマ帝国の最初の皇帝アウグストゥス帝がカンピドーリオの丘に上った際に、神の子キリストの到来を予言するシビュラ（予言の巫女）の託宣が、どこからか聞こえてきたのだという。託宣が聞こえてくると同時に、聖母子が空から現れた。この様子を見て驚嘆した皇帝は、すぐさまこの場所に祭壇を築いたのだという。聖母子はアウグストゥスとほぼ同時代の人であるが、もちろん、この伝説は史実ではない。

教会の起源は定かではない。6世紀か、7世紀頃らしい。13世紀末に再建された（1291年献堂、アルノルフォ・ディ・カンビオの設計によるともされる）。近世以降に修復を受けているが、13世紀の後期ロマネスク教会を基本形としている。

上の方に窓が設けられているので、内部は明るい。円柱が立ち並び、そ

広域地図は、327ページ　　　　　　　　　　　　　　　　　　50m

第3章　ヴェネツィア広場、ポポロ広場周辺の教会

ピントゥリッキオ「聖ベルナルディヌスの生涯」フレスコ

の上に半円アーチが続く。円柱には、中世のフレスコが描かれている部分もある。床には13–14世紀のコズマーティ装飾もある。

　入ってすぐ右側の礼拝堂（右第1礼拝堂）はブファリーニ礼拝堂と呼ばれる。この礼拝堂には、1485年に描かれた画家ピントゥリッキオのフレスコ「シエナの聖ベルナルディヌスの生涯」がある。

　シエナの聖ベルナルディヌスは15世紀のフランシスコ会聖人で、その雄弁で知られていた。イエスの御名、「IHS」の信心を勧めたことでも知られる。「IHS」は、「人間の救い主イエス（イエズス・ホミネム・サルヴァトル）」と言われることもあるが、これは間違いで、実際はイエスの名を縮めたものである。「H」はギリシア文字の「エータ」である。聖ベルナルディヌスは頬がこけた姿で描かれるが、歯槽膿漏にかかっていたらしい…。

　礼拝堂の奥の面のフレスコは、「聖ベルナルディヌスとトゥールーズの聖ルドヴィクス、パドヴァの聖アントニウス」である。いずれもフランシスコ会の聖人である。右側のパドヴァの聖アントニウスはリスボン出身で、パドヴァで教えていた。左側の聖ルドヴィクスは、司教の姿で描かれる。上には「贖い主キリストと天使たち」が描かれている。

　右の面のフレスコは、「聖痕を受ける聖フランチェスコ」と「聖ベルナルディヌスの着衣式」を描いている。アッシジの聖フランチェスコは、晩年、アレッツォ近郊のラ・ヴェルナで聖痕、すなわち手と足と脇腹にイエスが受けた傷をその身に受けた。フランチェスコの斜め上には聖痕を授ける熾天使（セラフィム）が描かれている。一方、後者は聖ベルナルディヌスがフランシスコ会の修道服を受けるシーンである。

　左の面のフレスコは、「聖ベルナルディヌスの死」を描いている。シエナ、フェラーラ、ウルビーノの司教位を提供されてもそれを拒否し（その

114

2. サンタ・マリア・イン・アラチェリ

ため、足元に3つの司教冠が置かれて描かれることがある)、一介の修道士(司祭ではあったが)、一介の説教師にとどまった聖人は、1444年に亡くなった。聖人の死を嘆くその背景には、ルネサンスの理想都市が切り取られて描かれている。

左第3礼拝堂には画家ベノッツォ・ゴッツォーリによるフレスコ「パドヴァの聖アントニウス」(1454-58年頃) がある。聖人は両側を天使に囲まれ、手には炎を持っている。足元には寄進者が描かれている。パドヴァの聖アントニウスは、アッシジの聖フランチェスコと同様に、イタリアで敬愛されている聖人で、百合の花を手に持ち、幼子イエスを抱く姿の彫像をあちこちで見かける。この絵の聖アントニウスは、イエスを抱く優しそうな表情の彫像とは違い、口をきっと結び、強い意志を示す顔つきをしている。異端との戦いの決意を示しているのかもしれない。

主祭壇には聖母子の絵がある。10-11世紀のものである。内陣周辺には2つの朗読台があり、ロレンツォ・コズマとヤコポ・コズマによるコズマーティ装飾が施されている。

アクァスパルタ枢機卿の墓とピエトロ・カヴァッリーニのフレスコ

主祭壇の左側(左袖廊)には見事なコズマーティ装飾の墓がある。マテオ・アクァスパルタ枢機卿(1302年没)の墓で、上にあるフレスコは、ピエトロ・カヴァッリーニが描いたものである。中央に聖母子が座していて、それを福音記者マタイとヨハネ、およびアクァスパルタ枢機卿(右の足元)が囲んでいる。

左袖廊奥の礼拝堂には、「アラチェリの幼子イエス」の像がある。15世紀のもので、古くからローマ市民の崇敬を集めている。

「アラチェリの幼子イエス」

115

1994年に盗まれてしまい、今安置されているのはレプリカであるけれども。「ローマ、アラチェリの幼子イエス」と書くだけで手紙が届くということで、世界中から送られた手紙が像の近くに置かれている。

3. トラヤヌス記念柱そばの姉妹教会
Santissimo Nome di Maria, Santa Maria di Loreto

Foro Traiano, 89
Piazza Madonna di Loreto, 26

ヴェネツィア広場のすぐ東側に、トラヤヌス帝の記念柱が立っている。これはローマ皇帝トラヤヌスが101 – 103年および107 – 108年に行ったダキア（現在のルーマニア）遠征の様子を描いたものである。1587年に教皇シクストゥス5世によって立て直された。てっぺんに聖ペトロの像を乗せた上で。シクストゥス5世は、ローマが世界の中心であること、そしてキリスト教が異教に打ち勝ったことを示そうとしたのである。もちろん、彼が立て直した諸オベリスク同様、巡礼の目印ともなった。

サンティッシモ・ノーメ・ディ・マリアのファサード

サンタ・マリア・ディ・ロレートのファサード

このトラヤヌス円柱のすぐそばに、2つの教会が建っている。建てられている素材も、建てられた時期も違うのだが、クーポラがまるでそっくりで、大きさも似ていて、まるで姉妹のように見える。東側の教会をサンティッシモ・ノーメ・ディ・マリア、西側の教会をサンタ・マリア・ディ・ロレートと言う。

サンティッシモ・ノーメ・ディ・マリアは「マリアの聖なる御名」を意味する。18世紀

117

第3章　ヴェネツィア広場、ポポロ広場周辺の教会

サンティッシモ・ノーメ・ディ・マリアの祭壇画

前半に建設された後期バロック教会である。教会は円形をしている。主祭壇に13世紀、ローマ画派の聖母子の絵が置かれている。

　サンタ・マリア・ディ・ロレートは「ロレートの聖母」にささげられている。ロレートはアドリア海側のマルケ地方の町で、ナザレにあった聖母の家が奇跡によって運ばれたという「聖なる家」がある。ロレートの聖所はイタリア、ヨーロッパ各地から崇敬を集め、ロレート以外にもこの名を冠した教会が多数建設されている。

　このサンタ・マリア・ディ・ロレートは、16世紀に建設された教会で、後期ルネサンス様式をしている。教会は八角形をしている。主祭壇に15世紀末、マルコ・パルメッザーノによる絵「父なる神」「ロレートの聖母

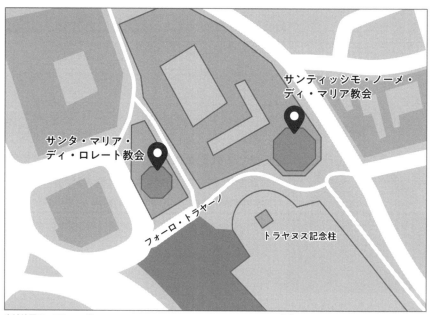

広域地図は、327ページ　　　　　　　　　　　　50m

3. トラヤヌス記念柱そばの姉妹教会

子と聖ロクス、聖セバスティアヌス」がある。

この教会では、2000年の大聖年の一年間だけ、日本語ミサが行われていたことがある。時々、「この教会で日本語ミサが行われている」と書かれていることがあるが、すでに古い情報なので注意したい。

サンタ・マリア・ディ・ロレートの祭壇画

第3章　ヴェネツィア広場、ポポロ広場周辺の教会

🏠 4. ジェズー教会 *Chiesa del Gesù*

Piazza del Gesù

ジェズー教会のファサード

　15世紀半ばから16世紀半ばにかけて、ヴェネツィア宮殿が教皇宮殿であったことはすでに述べた。ローマ教皇への絶対服従を、清貧、貞潔、服従の三誓願に加えて第四の修道誓願とするイエズス会は、当時の教皇宮殿からすぐ近い場所に修道院を造った。ヴェネツィア広場からすぐ西の位置である。イエズス会創立者のロヨラの聖イグナティウスが1556年に亡くなったのも、この修道院においてである。この当時のイエズス会本部修道院に付属して設けられたのが、ジェズー教会である。

　「ジェズー」というのは、イタリア語におけるイエスの名称だが、イエスの教会というよりは、イエスの御名にささげられた教会である。そのため、教会はサンティッシモ・ノーメ・デル・ジェズー（至聖なるイエスの御名）とも呼ばれる。

　イエスの御名、「IHS」に対する信心は、シエナの聖ベルナルディヌスが多いに広めたものであるが、フランシスコ会内ではやがて廃れた。このモットーをイエズス会は採用した。事実、「IHS」は「AMDG」、「より大いなる神の栄光のために（アド・マヨレム・デイ・グロリアム）」と並んで、イエズス会の教会でよく見られる。

　イエズス会は、スペインのバスク地方出身のロヨラの聖イグナティウス（イグナチオ・デ・ロヨラ）によって創立された修道会である。イグナティウスは本名をイニーゴと言う。110年頃殉教したアンティオケイアの聖イグナティオスにあやかってイグナティウスと名前を変えたものである。

4. ジェズー教会

　イニーゴはもともと軍人志望だったが、1521年にパンプローナ防衛戦で負傷し、軍人としての栄達は見込めなくなった。内的な回心を経て（この頃イグナティウスと名を改めた）、イグナティウスはバルセロナ近郊のマンレサで一年間修行を行う。その実りが、主著『霊操』すなわち霊的な体操を通した祈りである。

　イグナティウスは聖地エルサレムに巡礼し、帰国後神学の勉強を始める。その後パリ大学に移り、勉学を続行する。

　1534年8月15日、パリ大学での仲間ピエール・ファーヴル、フランシスコ・ザビエル、シモン・ロドリゲス、ディエゴ・ライネス、アルフォンソ・サルメロン、ニコラス・デ・ボバディリャと、モンマルトルの丘のサン・ドゥニ礼拝堂で、固い団結を誓った。清貧、貞潔、エルサレムへの巡礼、そしてローマ教皇への服従を誓い合った。これがイエズス会の始まりである。

　その後一同はヴェネツィアで司祭の叙階を受けた（ファーヴルのみはすで

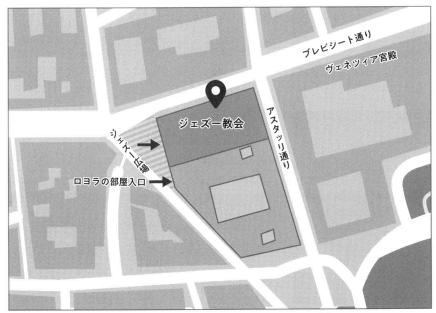

広域地図は、326ページ　　　　　　　　　　　　　　50m

第3章　ヴェネツィア広場、ポポロ広場周辺の教会

に司祭だった)。トルコと西欧の政治関係の悪化で聖地巡礼は望めなくなったので、まずはローマで教皇に会としての認可を受けることにした。1540年、イエズス会は正式に修道会として認可された。一同のうち、聖フランシスコ・ザビエルが日本に宣教を行ったのは周知のとおりである。

さて、イエズス会本部修道院に1568年、アレッサンドロ・ファルネーゼ枢機卿が資金を出し、建築家ヴィニョーラの設計、イエズス会士ジョヴァンニ・トリスターノとジョヴァンニ・デ・ロシスの施工で建設が開始され、建築家ジャコモ・デッラ・ポルタの手で1584年に完成した。内部の装飾は17世紀後半に行われたものである。内部の装飾はバロック期のものだが、教会堂の基本形は後期ルネサンス様式である。

天井のフレスコ

16世紀に建設されたファサードには、2つの彫像がある。左がロヨラの聖イグナティウス、右が聖フランシスコ・ザビエルで、17世紀に加えられたものである。

中に入ると、天井のフレスコ装飾に圧倒される。これは画家バチッチャの作品で、「イエスの御名の勝利」を高らかに宣言している。クーポラ部分にもフレスコがあるが、これも同じバチッチャによるもので、「預言者、福音記者、教会博士たち」と「天がイエスをほめ歌う」が主題となっている。さらに後陣のフレスコもバチッチャで、「神秘の子羊の栄光」を描いている。

右側の袖廊にはザビエルにささげられた礼拝堂がある。祭壇の上にあるのは、ザビエルの右手である。遺体はインドのゴアに埋葬されているが、手だけこのジェズー教会に安置され、広く崇敬を受けている。

聖フランシスコ・ザビエル礼拝堂

4. ジェズー教会

　左側の袖廊の礼拝堂はロヨラの聖イグナティウスの礼拝堂である。この礼拝堂の下にイグナティウスは埋葬されている。祭壇の絵「復活したイエスからイエスの御名の旗を受ける聖イグナティウス」は、17世紀末にこの礼拝堂を設計したイエズス会士アンドレア・ポッツォが描いた

ロヨラの聖イグナティウスの礼拝堂

ものとされている。毎日17時半になると、音楽とともにこの絵が動いて、中から銀のイグナティウス像が出てくる。オリジナルの像はすでに失われたので、19世紀初頭に再制作された像である。

　聖イグナティウス礼拝堂の両側に彫刻がある。墓の右側の彫刻はフランス人彫刻家ル・グロによる「異端に打ち勝つ『宗教』」で、左は同じくフランス人彫刻家ジャン・バティスト・テオドンによる「偶像崇拝に対する『信仰』の勝利」である。このうち左側のテオドンの彫像はわれわれ日本人にとっては実に興味深い。

　「信仰」の像の足元には偶像崇拝の寓意である竜が横たわっているが、その口元の本の背表紙をよく見ると、「カメス・フォトケス・アミダス・エト・シャカ」と書かれている。日本の「神、仏、阿弥陀、釈迦」のことである。偶像崇拝、ここでは日本の伝統宗教である神道と仏教を倒し、キリスト教信仰の勝利を誓うものである。しかし、1700年前後の当時、日本はすでに禁教時代であった。日本で細々ながらもキリスト教信仰が生き続けていたのが分かったのは、1865年にパリ外国宣教会のプティジャン神父が長崎の浦上で信徒を発見してからのことである。

　ジェズー教会内部の中ほど右側

「神、仏、阿弥陀、釈迦」が本の背表紙に書かれる。

123

第3章　ヴェネツィア広場、ポポロ広場周辺の教会

「レオナルド木村ほか4人の殉教（1619年11月18日）」

に、聖具室や絵はがきなどを売るスペースがある。その裏にある小博物館には、「イエズス会殉教者」（1597年2月5日殉教のパウロ三木など複数の迫害のイエズス会殉教者が描かれる）、「レオナルド木村ほか4人の殉教（1619年11月18日）」、「元和の大殉教（1622年9月10日）」の3点がある。最近移されてしまったが、中国に宣教した「マテオ・リッチの肖像」もかつてあった。

　日本関連のものをこれまで述べてきたが、今度は日本に関係ないものを。内陣左側にベルニーニの「聖ロベルト・ベラルミーノ」（1621-24年）の彫刻がある。主祭壇の左側、イグナティウス礼拝堂から見ると右側に15世紀の「道の聖母」のフレスコがある。その名のとおり、道端に描かれていたフレスコを剥ぎとって、教会の中に移したものである。ローマ市民の崇敬を受けているほか、イエズス会の守護聖人ともなっている。

　外に出て、ジェズー教会の右側にある旧イエズス会本部を訪れるのもよいだろう（平日夕方と日曜午前に公開）。中にはイグナティウスが晩年を過ごし、亡くなった部屋が残されている。聖人の本や衣類、デスマスク、当時の家具なども残されている。

ロヨラの聖イグナティウスの部屋

124

🏛 5. サンティ・アポストリ *Santi Apostoli*

―――――――――― Piazza XII Apostoli, 51

ヴェネツィア広場から北東方向に行ったところに、細長い広場がある。広場に面してコロンナ宮殿という15世紀後半の宮殿が立っているが、この宮殿に組み込まれる形で、サンティ・アポストリ教会はある。聖使徒、特に使徒聖フィリポと小ヤコブにささげられた教会である。

もともとは独立した教会だった。4世紀前半に創建され、何度も再建や修復を受けている。現在の教会は18世紀初めの再建時のもので、後期バロック様式である。

サンティ・アポストリのファサード

ファサードは19世紀前半に造り直されたものだが、その下のポルティコは15世紀に建設された。中世の墓や碑文などが置かれている。

教会に入ってすぐ右側に、聖母子の絵が飾られている。これは「ベッサリオンの聖母」と呼ばれる絵で、1464-68年に画家アントニアッツォ・ロマーノによって描かれた。

枢機卿ヨアンネス・ベッサリオンはギリシア人である。1431-39年のバーゼル-フェラーラ-フィレンツェ-ローマ公会議（通常フィレンツェ公会議と呼ばれる）の際、ビザンツ皇帝やコンスタンティノープル総主教らと一緒に来伊した。公会議では、1054年に分裂した東西教会（ローマとコンスタンティノープル）

「ベッサリオンの聖母」

125

第3章　ヴェネツィア広場、ポポロ広場周辺の教会

の合同が宣言されたが、皇帝や総主教がギリシアに戻った際、ビザンツの国民の強い反対にあい、残念ながら破棄された。その後、オスマン・トルコによる攻勢が強まり、1453年にコンスタンティノープルは陥落、千年以上続いた東側のローマ帝国は滅亡した。

　ベッサリオンはフィレンツェ公会議の終了後もイタリアにとどまった。カトリック教会の枢機卿となり、1472年没した。その膨大な蔵書は、東の薫りが漂うアドリア海の女王ヴェネツィアに寄贈され、マルチャーナ図書館が創立された。「ベッサリオンの聖母」は、このベッサリオン枢機卿が依頼したフレスコ画の一部である。

ベッサリオン礼拝堂

　右側廊にベッサリオン枢機卿の礼拝堂（枢機卿の墓所として造られた）が

広域地図は、327ページ

ある。近世の礼拝堂の裏に隠れている。開いていれば有料で訪れることができる。

　上下2層構造で見学でき、下の部分には「ベッサリオンの聖母」があった場所も見える。床下は6世紀後半の教会遺構である。狭い階段を上ると、目の前にフレスコが広がる。画家アントニアッツォ・ロマーノの作品である。

　右側は「モン・サン・ミシェルで聖オベールの夢に現れた大天使ミカエル」を描いている。フランスの有名な巡礼地であるモン・サン・ミシェルは、大天使ミカエルの出現を記念している。聖オベールの顔は、実はフランス王ルイ11世である。ベッサリオンは実際に王にフランスで会ったことがあり、コンスタンティノープルの奪還や教会改革で、王に期待していたらしいのだ。

　司教聖オベールの裏に緋色に描かれる人物は、フランシスコ会総長にして当時枢機卿のフランチェスコ・デッラ・ローヴェレ、後のシクストゥス4世であり、紫の衣で描かれる人物はジュリアーノ・デッラ・ローヴェレ、後のユリウス2世である。

　背後に茶色の修道服のフランシスコ会士たちと、黒い修道服のバシレイオス派（4世紀の大聖バシレイオスの戒律を採用する東方教会および東方カトリック）の修道士たちが描かれる。モン・サン・ミシェルの大天使出現は8世紀なので、バシレイオス修道士はともかく、フランシスコ会は時代錯誤であるが、ベッサリオンが表現したかったのは、東西の教会の合同の達成であった。

　左側に描かれるのは「雄牛の格好でガルガーノ山のシポントに現れた大天使ミカエル」である。ガルガーノ山は、南イタリアのプーリア地方にある山で、大天使ミカエルが5世紀末に雄牛の形で出現したとされる。その後、司教マヨラヌスに本当の姿で現れたという。モンテ・サンタンジェロには聖所記念堂が設けられ、近くにあるピオ神父のサン・ジョヴァンニ・ロトンドとともに、数多くの巡礼を集めている。

　天井には「天使の合唱」が描かれている。色とりどりの天使たちが描か

第3章　ヴェネツィア広場、ポポロ広場周辺の教会

れている。

　聖堂内にはベッサリオン関係のものが他にもある。右第3礼拝堂であるオデスカルキ礼拝堂の壁面にはベッサリオンの命により描かれた15世紀のフレスコがある。「聖エウゲニアの証聖」を描いている。「証聖」とは、殉教に至らないまでも信仰のために苦しみを受け、キリストを証(あか)しすることである。

　左側廊側にベッサリオン枢機卿のモニュメントもある。教会を出た左側の修道院の回廊には、ベッサリオンの墓碑もある。

　聖堂に戻って、ベッサリオン以外のものも紹介しよう。右奥の礼拝堂（磔刑礼拝堂）には4世紀教会の円柱が8本安置されている。後陣にあるモニュメントは15世紀後半のピエトロ・リアーリオ枢機卿の墓であるが、当時の一流の彫刻家アンドレア・デル・ブレーニョ、ジョヴァンニ・ダルマータ、ミーノ・ダ・フィエーゾレらによるものである。後陣左に18世紀後半の教皇クレメンス14世の墓で、1789年に彫刻家アントニオ・カノーヴァが制作した。

　主祭壇の下にはクリプタがある。クリプタは19世紀後半に造られたもので、カタコンベを模している。奥には聖フィリポと聖小ヤコブの聖遺物が安置されている。15世紀後半の墓もいくつかある。

　　ベッサリオンの墓碑

6. サンタ・マリア・イン・ヴィア・ラータ
Santa Maria in Via Lata

――――――――――――――――― Via del Corso, 306

ヴェネツィア広場からまっすぐ北にコルソ通りが伸びる。ローマ時代からの道で、古くはローマの北からウンブリア地方、マルケ地方を通ってアドリア海側のリミニの町まで抜ける主要街道の一つ、フラミニア街道の一部だった。サンタ・マリア・イン・ヴィア・ラータはこのコルソ通り沿いにある教会である。「ヴィア・ラータ（広い道）」というのは、中世のコルソ通りの名称である。現在の感覚では、お世辞にも広いとは言えないけれども。

サンタ・マリア・イン・ヴィア・ラータのファサード

伝承によれば、使徒聖ペトロ、使徒聖パウロ、福音記者聖ヨハネと聖ルカが滞在した家がこの場所にあったと言う。パウロがヘブライ人への手紙を書き、ルカに使徒言行録を口述したのもこの場所だというのである。史実であるかどうかは分からない。

教会は7世紀末頃創建された。17世紀半ばに再建され、現在の教会はバロック教会である。主祭壇はジャン・ロレンツォ・ベルニーニによるものとされる。この祭壇には12-13世紀の「代願者マリア（マリア・アドヴォカータ）」の絵が飾られる。この教会は、平日は夕方しか開いていないことが多いので注意が必要である。

地下遺構

第3章　ヴェネツィア広場、ポポロ広場周辺の教会

さて、この教会を取りあげた理由は、地下遺構の存在である。有料で公開している。とは言っても、以下に紹介するように注意が必要である。

教会の入り口の宣伝では、1世紀の遺構と書かれている。しかし注意。遺構は8世紀に再建された部分である。教会には、8世紀から11-12世紀にかけてのフレスコが残されていた。教会の入り口の宣伝ではフレスコが紹介されている。実際中に入ってみると、フレスコはほとんどなく、紙で印刷されたものが置かれていた。フレスコの多くはクリプタ・バルビ博物館に移されているためである。11世紀の多色大理石祭壇（前コズマーティ）や13世紀のコズマーティ装飾の内陣の障壁の一部は残されている。誇大広告なので、期待して入ると幻滅するかもしれない。

地下にある11世紀の祭壇

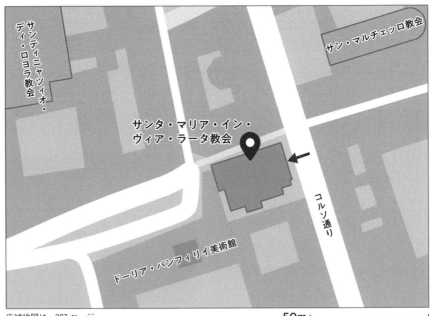

広域地図は、327ページ　　　　　　　　50m

130

7. サン・マルチェッロ *San Marcello*

―*Piazza di San Marcello*

サン・マルチェッロもコルソ通り沿いにある教会である。サンタ・マリア・イン・ヴィア・ラータの斜め向かいにある。この教会を紹介するのは、隠れた名作があるためである。

もともとマルケルスの名義教会で、3世紀末ぐらいに創建されたらしい。16世紀末に再建されたバロック様式の教会である。

ファサードは17世紀後半、建築家カルロ・フォンターナによって造られた。中に入ると、右第3礼拝堂に14世紀後半の聖母子フレスコ、右第4礼拝堂に15世紀の木製磔刑像などがある。

サン・マルチェッロのファサード

入り口付近左側に、ヤコポ・サンソヴィーノの手になる、ジョヴァンニ・ミキエル枢機卿(1503年にチェーザレ・ボルジャに毒殺された人物)およびその甥のヴェローナ大司教アントニオ・オルソ・ミキエルのモニュメントがある。

チェーザレ・ボルジャは15世紀末から16世紀初めにかけての教皇アレクサンデル6世の実の息子で、一度は枢機卿に任命されたが、後に緋色の衣を脱いで還俗した。ヴァレンティーノ公となり、ロマーニャ地方(名目上は教皇領だったがほぼ独立していた)に自分の国を造ろうとした。父教皇の死後急速に没落し、最後はスペインで戦死する。目的のためには手段を選ばず、ミキエル枢機卿に限らず

ジョヴァンニ・ミキエル枢機卿とアントニオ・オルソ・ミキエル大司教のモニュメント

第3章　ヴェネツィア広場、ポポロ広場周辺の教会

多くの人を殺害している。

　さて、この教会にある隠れた名作とは、フランドル出身で、イギリスで活躍した17世紀の画家アントン・ファン・デイクの作品である。ファン・デイクはイギリス王チャールズ1世の肖像画などで知られる。東京の国立西洋美術館には「レガネース侯爵ディエゴ・フェリーペ・デ・グスマン」の肖像が所蔵されている。

アントン・ファン・デイクの「磔刑」

　サン・マルチェッロ教会は、このファン・デイクの「磔刑」を所蔵している。教会堂内ではなく、聖具室の中に置かれているが、教会の管理人に頼めば見せてくれる。磔刑に遭うイエスの苦悶の表情が臨場感あふれるタッチで描かれ、見る私たちにも痛みが伝わってくる。

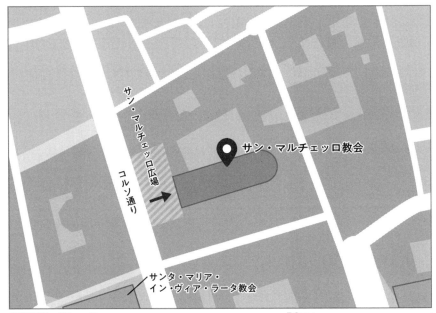

広域地図は、327ページ

132

8. サンティニャツィオ・ディ・ロヨラ
Sant'Ignazio di Loyola

―――――――――――――――――*Piazza Sant'Ignazio*

サンタ・マリア・イン・ヴィア・ラータ、サン・マルチェッロから少し北上し、コルソ通りの左側最初のバス停のところ（コルソ美術館の手前）で左にある道に曲がると、聖フランシスコ・ザビエルにささげられたカラヴィータ祈禱堂（1633年）がある。さらに進むと、広場に大きな教会がある。これがサンティニャツィオ・ディ・ロヨラ教会である。パンテオンから真東にぬけても着く。

サン・イニャツィオ・ディ・ロヨラのファサード

サンティニャツィオ教会は、ジェズー教会のところでも紹介した、イエズス会の創立者ロヨラの聖イグナティウスにささげられている。16世紀半ばに創建された時は、サンティッシマ・アンヌンツィアータ、すなわち受胎告知にささげられていた。1622年に聖イグナティウスが列聖された際に、この聖人にささげられることになった。

天井のフレスコ

イグナティウス列聖に際して教会を建て替えることを決めたのは教皇グレゴリウス15世であった。教会の設計はイエズス会士オラツィオ・グラッシが行い、施工は建築家カルロ・マデルノ、パオロ・マルチェッリ、オラツィオ・トッリアーニらに任された。教会は1685年に一応完

第3章　ヴェネツィア広場、ポポロ広場周辺の教会

成した。一応と言うのは、当初計画にあったクーポラ建設は実現しなかったからである。

中に入ると、天井のフレスコが目に飛び込んでくる。聖堂中ほどの、床にしるしのあるところに行ってみよう。すると、天井のフレスコ画が飛び出して、まるで三次元のように見える。教会の天井がなくなって、空に天使や聖人たちが舞っているかのようである。こうした技法をトロンプ・ルーユ、だまし絵と言う。

この天井のフレスコはイエズス会士の芸術家、アンドレア・ポッツォの作（1691－94年）である。「聖イグナティウスの栄光」が描かれている。

少し前へ行くと、もう一つ床にしるしがある。ここに立つと、上にある描かれたクーポ

描かれたクーポラ

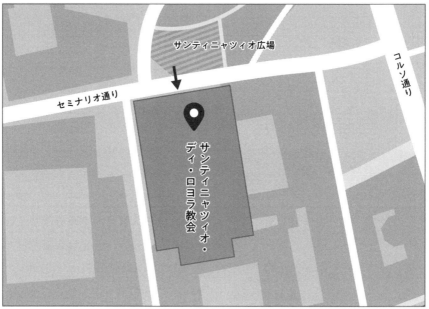

広域地図は、327ページ　　　　　　　　　　50m

ラが、まるで本物のクーポラであるかのように見えてくる。財政的な問題で実現しなかったクーポラだが、その代わりに教会におもしろい仕掛けができた。

　内陣天井のフレスコもポッツォの作で、「パンプローナ砦の戦い」が描かれている。この1521年の防衛戦で聖イグナティウスは足を負傷し、緊急手術で何とか助かったものの、片方の足が少し短くなってしまった。これでは軍人としての栄達は見込めなくなった。

　後陣のフレスコも同じイエズス会士芸術家の作である。「ペスト患者を癒やす聖イグナティウス」が描かれている。

　右袖廊に、フランス人彫刻家ピエール・ル・グロの大理石浮彫「ルイージ・ゴンザーガの栄光」（17世紀末）がある。イエズス会の聖人、ルイージ・ゴンザーガ、別名アロイジオ・ゴンザーガを描いている。

　ルイージ（アロイジオ）は北イタリアの名門ゴンザーガ家出身の貴族の青年だった。とても信仰深い人で、栄達の道を捨て、イエズス会に入会した。宣教師になることを望んでいた。イエズス会のローマ学院（グレゴリアナ大学の前身）で学んでいる間、ローマでペストが流行した。病者の世話をしているうちに自身もペストにかかり、23歳の若さで亡くなった。

　ゴンザーガは青少年の守護聖人となっている。イタリアでは今でも広く崇敬を集め、彼にあやかってルイージと名付けられる子どもも多い。ルイージという名前の聖人は、フランスの聖王ルイ7世など何人もいるが、イタリアではほとんどこのアロイジオ・ゴンザーガであることが多い。イタリアでも人気の某テレビゲームの主人公の双子の弟の名前も、おそらくそうだろう。

第3章　ヴェネツィア広場、ポポロ広場周辺の教会

 9. サンティ・アンブロージョ・エ・カルロ・アル・コルソ
Santi Ambrogio e Carlo al Corso

―――――――――――――― *Via del Corso, 437*

　サンティ・アンブロージョ・エ・カルロ・アル・コルソ教会は、コルソ通り中ほどにある。スペイン広場からはほぼ真西で、アウグストゥス帝の「平和の祭壇（アラ・パチス）」や同帝の霊廟のすぐ近くである。ミラノの二聖人にささげられている。

　聖アンブロシウスは4世紀のミラノの司教である。司教に選ばれた当時は、ミラノを首府とするリグリア州の長官で、信者ですらなかった。短い期間のうちに洗礼を受け、聖職の各叙階を受けて、374年12月7日、アンブロシウスは司教に叙階された。

サンティ・アンブロージョ・エ・カルロ・アル・コルソのファサード

　未信者であったアンブロシウスが司教に選ばれた背景には、正統派とアレイオス派の間の激しい権力闘争があった。アレイオス派というのは、父なる神と子の同一本質性を否定し、子（キリスト）は父なる神に従属するという立場（従属説）を取る立場である。ニカイア公会議（325年）で異端とされたが、ローマ皇帝の宮廷を含め、各地で強い勢力を持っていた。ミラノの教会も二分されており、行政長官として評判の良いアンブロシウスに白羽の矢が立ったのである。

　アンブロシウスは司教としてもきわめて有能で、アレイオス派を排斥してミラノの教会の混乱を収めた。聖書に関する注解を多数著し、聖ヒエロニムス、聖アウグスティヌスらと並ぶ西方教会の教父となった。聖アウグスティヌスがキリスト教に改宗するきっかけをつくったのも、この聖なる

9. サンティ・アンブロージョ・エ・カルロ・アル・コルソ

司教である。

現在でもミラノ大司教区で用いられる典礼をアンブロシウス典礼という。この典礼は、多分に伝説的なところもあるが、司教アンブロシウスの名前と結びついている。アンブロシウスはいくつか聖歌も作ったとされ、その後作られたものも含めて、アンブロシウス典礼に固有の聖歌として、アンブロシウス聖歌と呼ばれる。

大教皇グレゴリウス1世（いわゆるグレゴリオ聖歌の最初の核は彼に帰されている）による典礼改革後もアンブロシウス典礼は生きのび、典礼言語はイタリア語になったものの現代に至っている。ラテン典礼（西方教会の典礼）には、他にローマ典礼（カトリック教会の大部分が行う典礼で、日本のカトリック教会もローマ典礼を用いる）、第二ヴァティカン公会議以前のトリエント典礼（2007年以降使用が公認された）、スペインのモサラベ典礼などがあり、東方典礼（東方正教諸教会や東方カトリック教会が用いる典礼）にはビザンツ典礼（ギリシア）、シリア典礼、コプト典礼（エジプト）、アルメニア典礼、エティ

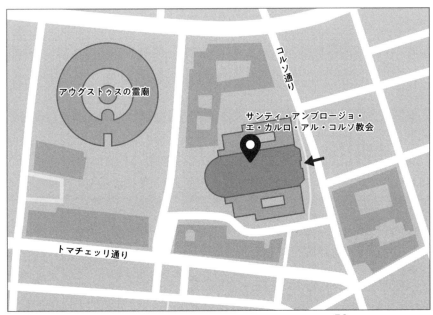

広域地図は、326ページ　　　　　　　　　　50m

オピア典礼などがある。

　この教会のもう一人の聖人は、ミラノの大司教でもあったカルロ・ボロメオ枢機卿である。聖カルロは16世紀、カトリック改革を行なったトリエント体制時代の聖人である。教皇ピウス4世の甥で、22歳の若さで枢機卿になった（ミラノ大司教となったのは25歳の時）。ネポティズム（親族重用）はよく批判を浴びるが、聖カルロはネポティズムがプラスに働いた例である。

　聖カルロはトリエント公会議にも参加した。トリエント公会議による改革をミラノの教会、そして全教会で推進した。改革の立役者となる一方で、病者や貧者に対する目は温かく、常に弱者を助けようとしていた。1576年のペスト襲来の時の聖人の奮闘は目覚ましいもので、このペスト流行に「聖カルロのペスト」という名前がつくほどであった。1584年、46歳で聖カルロは帰天した。財産は貧者に分けられたという。1610年には聖人に列せられている。

　このミラノの二聖人にささげられていることからも分かるように、この教会はミラノおよびロンバルディア地方出身の人々のための教会である。ローマ市民の間でも深く崇敬を受けている。11月4日の聖カルロ・ボロメオの祝日や、12月7日の聖アンブロシウスの司教指名の祝日は盛大に祝われる。

　この教会は15世紀に創建された。現在の教会は、17世紀前半に再建されたバロック教会である。

　教会の中は広く、また光が入って明るい。内部の装飾は17世紀後半に行われた。内陣の天井には「聖カルロの栄光」、奥には「聖カルロとペスト患者」などが描かれる。

　主祭壇の周辺には、ローマの教会では数少ない例だが、周歩廊と呼ばれる歩廊があり、主祭壇の周りを一回りすることができる。いちばん奥の礼拝堂に聖カルロの心臓が安置されている。なお、周歩廊はゴティック様式のミラノ大聖堂、あるいはフランス、ドイツ、イギリスなどのゴティック教会によく見られる構造である。

9. サンティ・アンブロージョ・エ・カルロ・アル・コルソ

ゴティック様式とは、12世紀頃から15、16世紀ぐらいまでヨーロッパ各地で見られた、尖頭アーチなどを特徴とする芸術様式であるが、北イタリアを除くと、イタリアではその影響は限定的である。特にローマではロマネスク様式が長く続いたため、作例が少ない。ローマで

聖カルロ・ボロメオの心臓

今見られるゴティック教会と言えば、パンテオン近くのサンタ・マリア・ソプラ・ミネルヴァと、アッピア街道のチェチリア・メテッラの墓の向かい側にある、すでに廃墟になっているサン・ニコラ・ア・カポ・ディ・ボーヴェくらいしかない。

第3章　ヴェネツィア広場、ポポロ広場周辺の教会

10. ポポロ広場の双子教会
Santa Maria dei Miracoli, Santa Maria in Montesanto

Via del Corso, 528
Piazza del Popolo

　ヴェネツィア広場からコルソ通りを北上すると、ポポロ広場に着く。ここがコルソ通りの終点である。逆に、フラミニア街道やカッシア街道、そして中世から前近代までのローマ巡礼路であるヴィア・フランチジェナ（イタリア中部からはほぼカッシア街道と同じルートをたどる）を通ってローマに来る巡礼たちからすれば、ポポロ門（フラミニア門）とポポロ広場はローマの入り口である。

　ポポロ広場の語源については次のサンタ・マリア・デル・ポポロ教会の項に譲ろう。広場は広く、よくイベントなども行われる。

サンタ・マリア・デイ・ミラコリのファサード

　広場の中心にはオベリスクがある。ラテラノのオベリスクに次いでローマでは二番目の大きさである。前1200年頃、エジプトのファラオ（王）、ラムセス2世とその子のメルエンプタハがエジプトのヘリオポリスに建立したもので、古代ローマ時代にローマにもたらされた。広場の真ん中に立てたのは、おなじみ16世紀末の教皇シクストゥス5世である。

　オベリスクから南側、ヴェネツィア広場の

サンタ・マリア・イン・モンテサントのファサード

140

10. ポポロ広場の双子教会

方向を見ると二つの教会がある。実際には左（東側）の教会の方が少し大きいのだが、まるで双子のようである。トラヤヌス記念柱のそばの二つの教会と違って、建設時期も近く、様式も似ている。トラヤヌス記念柱のそばの教会を姉妹教会と呼ぶことに少々違和感を感じる人はいるかもしれないが、こちらはまさに双子と言えよう。

オベリスク側から見て右側（西側）の教会はサンタ・マリア・デイ・ミラコリという。左側（東側）の教会はサンタ・マリア・イン・モンテサントと言う。

サンタ・マリア・デイ・ミラコリは「奇跡の聖母マリア」を意味する。テヴェレ川に落ちた子どもが助かった奇跡を記念している。もともとは16世紀前半に建てられた礼拝堂が起源だが、1675-81年に建築家カルロ・ライナルディ、カルロ・フォンターナらの手で建てられたバロック教会である。主祭壇の絵は「奇跡の聖母」である。

サンタ・マリア・イン・モンテサントは同じく聖母マリアにささげられ

広域地図は、329ページ

第3章　ヴェネツィア広場、ポポロ広場周辺の教会

「奇跡の聖母」、サンタ・マリア・デイ・ミラコリ

「モンテサントの聖母」、サンタ・マリア・イン・モンテサント

るが、当初シチリアのモンテサント管区のドミニコ会が入っていたのがその名の起源である。建設が始められたのは1662年だが、その後一時工事がストップした。1673年に工事が再開され、建築家カルロ・フォンターナとジャン・ロレンツォ・ベルニーニの監督で1679年に完成した。こちらもバロック教会である。主祭壇の絵は「モンテサントの聖母」である。芸術家の葬儀が行われることが多く、芸術家の教会と呼ばれる。

サンタ・マリア・イン・モンテサントは、平日は夕方しか開いていないことが多いので注意が必要である。

11. サンタ・マリア・デル・ポポロ
Santa Maria del Popolo

———————————————*Piazza del Popolo, 12*

　サンタ・マリア・デル・ポポロは、ポポロ門そばにある教会である。中世や前近代において、ヨーロッパ各地からローマに陸路で来る者の多くはポポロ門からローマに入市した。多くの巡礼にとって、サンタ・マリア・デル・ポポロ教会がローマで最初に見る教会であった。

サンタ・マリア・デル・ポポロのファサード

　16世紀末、教皇シクストゥス5世はローマ市内の巡礼路を整備した。主だった教会、重要な広場にはオベリスクが立てられた。その最初のオベリスクは、ポポロ広場のそれである。

　創建は教皇パスカリス2世時代の1099年である。第一回十字軍がエルサレムをイスラーム教徒から奪還したことを記念し、ローマの民衆(「ポポロ」)がお金を出し合って礼拝堂を建てたのが起源である。15世紀末に再建されたのが現在の教会で、ルネサンス様式である。16世紀初めに建築家ブラマンテ、17世紀半ばにはジャン・ロレンツォ・ベルニーニによって改装を受けている。

　ファサードは15世紀再建当時のものである。後ろにある鐘塔はちょっと変わっている。ローマでは他に例を見ない様式である。これは北イタリアのポー川流域(特にロンバル

鐘　塔

第3章　ヴェネツィア広場、ポポロ広場周辺の教会

ディアやヴェネト地方）でよく見られるタイプの後期ゴティック鐘塔である。教会を再建したロンバルディアのアウグスティヌス隠修士会（聖アウグスチノ修道会）の修道士たちの注文であろう。

　入ってすぐ右にある右第1礼拝堂はデッラ・ローヴェレ礼拝堂と呼ばれ、15世紀末から16世紀初めにかけての墓がある。彫刻家アンドレア・デル・ブレーニョやミーノ・ダ・フィエーゾレが彫刻を担当した。祭壇のフレスコはピントゥリッキオによるもので、「イエスの誕生」（1490年頃）が描かれている。

　右第3礼拝堂はバッソ・デッラ・ローヴェレ礼拝堂と呼ばれ、15世紀末のアンドレア・デル・ブレーニョ派による墓がある。マリアの生涯（「聖母子と聖人たち」「聖母被昇天」）

ピントゥリッキオ、「イエスの誕生」

広域地図は、329ページ　　　　　　　　　50m

11. サンタ・マリア・デル・ポポロ

のフレスコはピントゥリッキオの弟子たちによるものである。

右第4礼拝堂はコスタ礼拝堂で、ピントゥリッキオ周辺によるフレスコ（1489年）である。大理石製の祭壇浮き彫りはデル・ブレーニョ派で、「聖カタリナ、聖ヴィンケンティウス、パドヴァの聖アントニウス」が描かれている。この礼拝堂に

ピントゥリッキオの弟子たちによる「聖母子と聖人たち」

も、15世紀末から16世紀初めにかけてのデル・ブレーニョ派の彫刻家たちによる墓がある。

左第2礼拝堂はキジ礼拝堂である。この礼拝堂はラファエロの設計で、16世紀初めにラファエロの弟子のロレンツェットが建設したのだが、完成したのは17世紀半ば、ベルニーニによってである。壁龕(へきがん)にある「ハバククと天使」（右側）、「ダニエルと獅子」（左側）はベルニーニの作品である。

カラヴァッジョ、「パウロの回心」

左袖廊主祭壇寄りの礼拝堂にはカラヴァッジョの「パウロの回心」（右側）、「ペトロの磔刑」（左側）がある（1600-01年の作品）。同礼拝堂奥側の作品はアンニーバレ・カラッチによる「聖母被昇天」（1601年）である。

カラヴァッジョ、「ペトロの磔刑」

使徒聖パウロは、もとはサウロと言い、ファリサイ派という律法の忠実な遵守を重んじる一派に属していた。イエスの弟子たちに対しては、

145

第3章　ヴェネツィア広場、ポポロ広場周辺の教会

迫害側であった。ある時、サウロはダマスクスに向かっていた。イエスの弟子たちを迫害し、エルサレムに連行するためにダマスクスに向かっていた。その途上、間もなくダマスクスに入ろうとしていた時、天から光が降りてきて、サウロを包んだ。思わずサウロは落馬した。

声が聞こえてきた。「サウル、サウル、なぜ、わたしを迫害するのか」。サウロは答えた。「主よ、あなたはどなたですか」。するとまた声が聞こえてくる。「わたしは、あなたが迫害しているイエスである。起きて町に入れ。そうすれば、あなたのなすべきことが知らされる」。サウロは目が見えなくなり、3日3晩食べも飲みもしなかった。

ダマスクスにはアナニアというイエスの弟子がいた。幻の中でイエスはアナニアに呼びかけた。イエスの命じたとおり、アナニアはサウロを訪ね、この迫害者を癒やした。目が開けたサウロはイエスの教えに帰依することにし、洗礼を受け、名前もパウロに変えた。迫害者は信仰の擁護者となった。使徒言行録9・1-22の情景である。

パウロが光を浴び落馬するシーンは実に劇的な情景である。天才カラヴァッジョはこの瞬間を見事に描ききっている。地面に落ちたパウロも、そして画面の中央に大きく描かれる馬も、従僕も、何が起こったか分かっていない。混乱の一瞬をとらえている。

一方、ペトロの殉教についてはすでにサン・ピエトロのところで述べた。聖ペトロ、常に栄光に満ち、キリストの代理として描かれてきたそのペトロを、そのあたりにいるような一介の人間として描いたのが、カラヴァッジョのすごさである。目の前で十字架が持ち上がっていきそうな躍動感もすばらしい。

主祭壇にあるビザンツ風の祭壇画は「ポポロの聖母」で、13世紀初頭のものである。かつては福音記者聖ルカ（医者であったが、画家ともされた）が描いたものだと信じられてい

「ポポロの聖母」

146

た。クーポラの天井は画家ピントゥリッキオによるフレスコで、聖母の戴冠や福音記者たち、シビュラの巫女たち、教会博士たちが描かれている。

　右袖廊から行ける聖具室にはアンドレア・デル・ブレーニョによる15世紀後半の祭壇がある。元の主祭壇で、14世紀のシエナ画派の「聖母子」が描かれる。聖具室内には他にもブレーニョによる15世紀末から16世紀初めにかけての墓がある。

　この教会に付属する修道院には、1511年に後の宗教改革者マルティン・ルターが滞在したことがある。当時はまだ、ルターはアウグスティヌス隠修士会の修道士であった。

第 4 章

コロッセオ、チェリオの丘周辺の教会

第4章　コロッセオ、チェリオの丘周辺の教会

1. サンタ・フランチェスカ・ロマーナ
Santa Francesca Romana

Piazza Santa Francesca Romana, 4

コロッセオと言えば、サン・ピエトロと並んでローマのシンボルである。古代ローマの円形闘技場で、規模も大きく、ずっしりとした威圧感がある。このコロッセオの西側、小高くなっているところにウェヌス（ヴィーナス）とローマの神殿がある。サンタ・フランチェスカ・ロマーナ教会は、このウェヌスとローマ神殿に隣接している。フォーロ・ロマーノにあるマクセンティウスのバシリカの手前である。

サンタ・フランチェスカ・ロマーナのファサード

コロッセオ西側から、ウェヌスとローマ神殿の右脇を斜めに上がっていく道がある。これがサンタ・フランチェスカ・ロマーナの入り口である。

教会は、8世紀にペトロとパウロにささげられた祈禱堂として創建された。9世紀半ばにローマで大きな地震があり、近くにあったサンタ・マリア・アンティクァ（アンティクァは「古い」）という助祭教会が壊滅した。助祭教会とは、貧しい人々や未亡人、孤児たちに日曜ごとに施しを行っていた教会である。壊れた教会に代わって、この教会、当時の名前で言えばサンタ・マリア・ノヴァ（ノヴァは「新しい」）教会に助祭教会が移された。

サンタ・フランチェスカ・ロマーナという名前になったのは、17世紀初めである。オリヴェート会の第三会会員（信徒会員）であるローマのフランチェスカ（1440年没）が聖人となったためである。聖フランチェスカはマルチェッロ劇場近くの家に住んでいたが、この教会でオリヴェート会

1. サンタ・フランチェスカ・ロマーナ

第三会会員の誓願を立てた。

　現在の教会は、17世紀に改修を受けているものの、12世紀のロマネスク教会を基本形としている。12世紀のロマネスク鐘塔があるが、ローマの鐘塔の中でも特に美しいものの一つである。

　教会は身廊の部分と、高くなっている内陣の部分に分かれている。主祭壇前のコンフェッシオはベルニーニの設計（17世紀半ば）である。

　後陣には12世紀半ばのモザイクがある。いちばん上にはキリストのモノグラムがあり、その下には父なる神の手が見える。モザイクの中央に聖母子が描かれ、それを右に聖ペトロ、聖アンデレ、左に聖大ヤコブ、福音記者聖ヨハネが囲んでいる。その下には、12世紀の聖母子

後陣モザイク

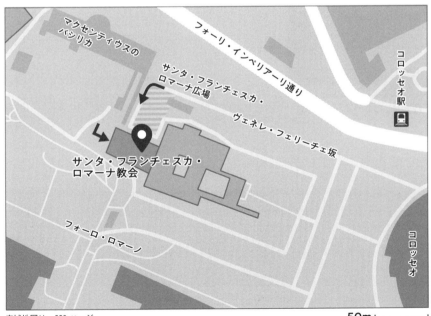

広域地図は、330ページ　　　　　　　　　　　50m

後陣の聖母子フレスコ

教皇グレゴリウス11世の墓

のフレスコも置かれている。

　右袖廊には、1378年に亡くなった教皇グレゴリウス11世の墓がある。この教皇は、1309年よりアヴィニョンに置かれていた教皇庁を1377年にローマに戻した。教皇庁のローマ帰還に感謝して、ローマ市民たちが同教皇の墓をここに設けた。

　内陣の下にはクリプタが設けられている。19世紀後半に設けられた空間で、ここにローマの聖フランチェスカの遺体が安置されている。

2. サンティ・コズマ・エ・ダミアーノ
Santi Cosma e Damiano

——Via dei Fori Imperiali, 1

コロッセオとヴェネツィア広場を結ぶ大通りフォーリ・インペリアーリ通りは、ファシズム政権時代に、調査の上でだが、ローマ皇帝たちの公共広場の遺跡を埋めて造られた通りである。この大通り沿いにサンティ・コズマ・エ・ダミアーノ教会はある。反対側はフォーロ・ロマーノに面している。

サンティ・コズマ・エ・ダミアーノのフォーリ・インペリアーリ通り側のファサード。フォーロ・ロマーノ側のファサードはロムルス神殿のものである。

聖コスマスと聖ダミアノスは、ディオクレティアヌス時代にシリアのキュロスという場所で殉教した双子の医者の聖人で、非常に慈悲深く、貧しい人々からはお金を取らなかったと伝えられる。教会は、この二人の医者聖人にささげられている。

教会は6世紀前半の教皇フェリクス4世時代に創建された。東ゴート王のテオドリックとその娘アマラスンタから土地と建物の寄付を受け、教会堂が建てられたという。貧者保護を行う助祭教会の一つにもなった。

476年、西ローマ帝国を滅ぼし、ゲルマン人のオドアケルが自分の王国を築いた。493年にオドアケルを敗死させたのがテオドリック大王である。テオドリックはラヴェンナを首府とする東ゴート王国を造った。

テオドリック自身はアレイオス派を信奉していたが、東ローマ皇帝ユスティヌス1世がアレイオス派迫害に転じるまで、正統派との間にも良好な関係を保った。テオドリック治世末期には、正統派とアレイオス派の問題が激化し、『哲学の慰め』で知られる思想家ボエティウスもその犠牲とな

第4章　コロッセオ、チェリオの丘周辺の教会

り、処刑されてしまった。

　アマラスンタは526年のテオドリック大王の死後、東ゴート王位に就いた自分の息子のアタラリック王の摂政となった。アタラリックの死（534年）後、女王として即位した。共同統治者となったテオダハドによって、女王はボルセーナ湖のマルタナ島に追放され、その後535年5月暗殺された。

コンスタンティヌス大帝時代のロムルス神殿

　テオドリック大王とアマラスンタが教会に提供した土地と建物の場所には、もともとローマ皇帝ウェスパシアヌスによる平和の神殿の図書室と、コンスタンティヌスがキリスト教に帰依する以前に建てたロムルス神殿があった。そのうちロムルス神殿は今でも残っている。

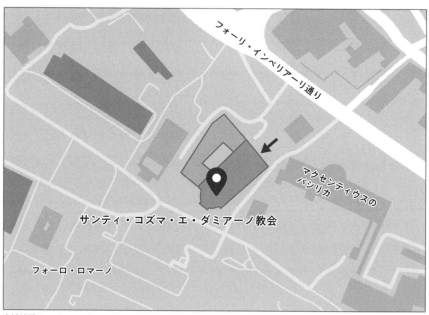

広域地図は、330ページ

教会は 17 世紀に改修された。6 世紀の教会の一部も残っているので、初期キリスト教様式とバロック様式が並存している。

フォーリ・インペリアーリ通り側から入ると、まずは回廊に出る。回廊には、プレゼピオ（イエスの生まれた馬小屋）が飾られた部屋もある。

回廊から教会に入る。後ろに見える空間（床面ははるかに低い）がロムルス神殿である。

主祭壇に「救済の聖母」、または「大教皇グレゴリウスの聖母」と呼ばれる 13 世紀のローマ画派の聖母子の絵がある。時代的に見て大教皇グレゴリウス 1 世は時代錯誤であるが。

後陣モザイクは 6 世紀のものが残っている。フェリクス 4 世時代のものである。主題が初期キリスト教時代なのに、なんとなく新しい感じがするのは、17 世紀に修復を受けているためである。

後陣モザイクの中心にキリストがいる。右側には使徒聖ペトロ、聖ダミアノス、聖テオドロスが描かれている。聖テオドロスとは、ディオクレティアヌスないしはガレリウス帝時代の軍人殉教者、アマセイア（小アジア）の聖テオドロスのことである。左側には使徒聖パウロ、聖コスマス、フェリクス 4 世が描かれる。フェリクス 4 世は教会のモデルを手にしており、同教皇が教会を建設したことが分かる。キリストや聖人たちの下には、神の子羊と子羊たちなどが描かれる。キリストと十二使徒のシンボルであることはもうお分かりだろう。

後陣アーチのモザイクは 6-7 世紀に描かれた。中央には神の子羊が祭壇にささげられている。その周囲の七本の線は七つの燭台（しょくだい）である。七つの枝の燭台と言えばユダヤ燭台（メノラー）であるが、この場合は黙示録のシンボルで、七つの教会を意味する（ヨハネの黙示録 1・20）。その周囲には左右 2 人ずつ、4 人の天使がいる。そして、右側にヨハネ（鷲（わし）)、

6-7 世紀の後陣モザイクと後陣アーチ

155

第4章　コロッセオ、チェリオの丘周辺の教会

左側にマタイ（羽の生えた人）の福音書のシンボルがある（福音書のシンボルについてはヨハネの黙示録4・7 参照）。両側とも福音書のシンボルの下に何か不思議なものが見えるが、冠をささげる24人の長老（ヨハネの黙示録4・4および4・10-11）の一部なのだと言う。

　天井に3匹のミツバチの紋章が描かれている。バルベリーニ家のウルバヌス8世が修復を行ったためである。モザイクの修復も、ウルバヌス8世の命で行われた。

3. サン・クレメンテ San Clemente

―――――――――――――――――――――Piazza di San Clemente

コロッセオの東側、大通りであるラビカナ通りの一本南側に、サン・ジョヴァンニ・イン・ラテラノ通りがある。コロッセオとラテラノの教会を一直線に結ぶ通りで、古代からある由緒正しい通りである。コロッセオ側からラテラノ側に進むと、チェリオの丘の上りが始まる直前に、サン・クレメンテ教会がある。

ローマのクレメンスは、ペトロ、リヌス、アナクレトゥス（クレトゥス）に次ぐ、4代目

ファサード

のローマ教皇である（初期教会の教皇についてはローマ司教とするのが正しいのだが、本書ではすべてローマ教皇としてある）。フィリピの信徒への手紙4・3に登場するクレメンスは、このクレメンスだとされている。コリントのキリスト教会に宛てた『クレメンス第一の手紙』の著者でもある（なお、『クレメンス第二の手紙』はクレメンスより後の時代に書かれたもののようだ）。

この教会も名義教会として創建された。クレメンスの名義教会が建てられたのは4世紀末頃であった。1084年にノルマン人のロベール・ギスカールがラテラノ周辺を焼き払ったため、12世紀前半に再建された。これが現在の教会の基本形である。

ノルマン人は、フランスのノルマンディー地方に定着したヴァイキングの一派である。ノルマン人と言えば、1066年にイングランドを征服したノルマンディー公ギョーム（ウィリアム）が有名だが、一方、最初は傭兵隊長としてイタリアに上陸した狡猾なロベール（ギスカールはあだ名である）はプーリア・カラブリア公となり、南イタリアの半島部とシチリアの一部を

第4章　コロッセオ、チェリオの丘周辺の教会

勢力下に治めた。ロベールは1084年に、世俗のものであれ、教会であれ、ラテラノ周辺のすべての建築を焼き払った。これからも幾度か登場することになるだろう。

　甥のルッジェーロ2世はシチリアにいたアラブ人勢力を完全に駆逐し、ノルマン人のシチリア王国を築くことに成功した（1130年）。ロベール・ギスカールから始まって、ルッジェーロ2世が引き継いだノルマン王朝をオートヴィル（アルタヴィッラ）朝と言う。1194年にシュタウフェン朝の神聖ローマ皇帝ハインリヒ6世（妻でオートヴィル家最後のコスタンツァ女王と共同統治）がシチリア王となり、王朝は断絶した。

　教会に戻ろう。教会の前には噴水のある前庭がある。この噴水は古代

サン・クレメンテの前門

広域地図は、331ページ　　　　　　　　　　50m

158

3. サン・クレメンテ

ローマ時代の水道から直接水を受けている。前庭の前には8-9世紀の材料を用いて12世紀に造られた前門もある。ファサードと鐘塔は18世紀前半に改装されたときのものである。教会への入り口は、前門側と、サン・ジョヴァンニ・イン・ラテラノ通り沿いの側面側と二つある。

中に入ると、床のコズマーティ装飾、スコラ・カントールム、そして後陣モザイクが目に入ってくる。いずれも12世紀のものである。円柱の上に半円アーチが並んでいるが、これは17世紀に改装されている。

スコラ・カントールムとは、主祭壇前、身廊との間に設けられた聖職者のための共唱席を指す。ローマの教会のスコラ・カントールムは、16世紀のトリエント公会議後に撤去されたものがほとんどで、現在あるものはほとんど、19世紀後半か20世紀に復元されたものである。その点、サン・クレメンテのスコラ・カントールムは12世紀のもので、ある意味オリジナルと言える。

「ある意味」というのは、12世紀ロマネスク教会以前の旧サン・クレメンテ教会の素材をそのまま持ってきたものだからである。スコラ・カントールムの壁をよく見ると、「ヨハネス」のモノグラムがあることに気づくと思う。これは533-35年のローマ教皇、ヨハネス2世時代に造られたものなのである。

スコラ・カントールムのヨハネス2世のモノグラム

後陣モザイクも12世紀前半のものである。いちばん上はキリストのモノグラムと、AとΩである。その下には父なる神の手が見える。

唐草模様の中には、聖人、鳥、動物などがちりばめられている。モザイクの中央に描かれるのは「十字架

後陣モザイク

159

第4章　コロッセオ、チェリオの丘周辺の教会

の勝利」である。イエスの磔刑と12の鳩と聖母と福音記者ヨハネ（この二人は、人々の祈りをとりなす代願者となる）が描かれている。その下にいるのは詩編42の鹿である。さらに下の部分には、いつもの神の子羊と12の子羊がいる。

　モザイクの下にはフレスコが描かれている。14世紀のもので、中央にキリスト、そして聖母と使徒たちが描かれている。

　後陣アーチには中央にキリストがいて、それを四福音書のシンボルが囲んでいる。右側には聖ペトロ、聖クレメンス1世、預言者エレミヤ、エルサレムの町が描かれている。左側には聖パウロ、殉教者聖ラウレンティウス、預言者イザヤ、ベツレヘムの町が描かれている。

　左側廊後ろの礼拝堂（サンタ・カテリーナ礼拝堂）には15世紀前半のマゾリーニ（マザッチョも関与している可能性がある）のフレスコがある。右アーチには受胎告知、左アーチには聖クリストフォロス（幼子イエスを運んで川を渡ったとされる聖人）が描かれている。アーチの迫持ち部分には使徒が、天井には福音記者や教父たちが、そして奥側には磔刑が描かれている。

　同礼拝堂の右側面には「ミラノの聖アンブロシウスの生涯」が、左側面には「アレクサンドリアの聖カタリナの生涯」が描かれている。アレクサンドリアの聖カタリナは乙女殉教者で、4世紀初め、マクシミヌス・ダイア帝時代に殉教した。刺のついた車輪で拷問にかけられたため、車輪とともに描かれることも多い。

　教会の右側廊の前方右側には、聖キュリロスと聖メトディオス礼拝堂もある。9世紀の兄弟聖人（ギリシアのテサロニケ出身）で、スラヴ人たちに宣教したため、「スラヴ人の使徒」とも呼ばれる。ローマ教皇とも密接な関係を持っていた。キリル文字の原型となる文字をスラヴ人のために作った（キリルはキュリロスのこと）。両聖人の遺骨は、この礼拝堂に納められている。

サンタ・カテリーナ礼拝堂

3. サン・クレメンテ

　教会の地下には4世紀の教会跡が残っていて、有料だが訪れることができる。前室部分にはフレスコがあり、9世紀の「祝福するキリストと聖人たち」と11世紀の「聖クレメンスの奇跡、聖クレメンスと指揮官ラピザのベヌス、聖クレメンスの聖遺物の移葬」が描かれている。

地下にある4世紀の教会遺構。これより下の層には古代ローマ時代の遺構があり、3世紀のミトラ神殿もある。

　身廊左後方には9世紀、教皇レオ4世時代のフレスコがあり、「聖母被昇天」、「使徒たち」、「教皇レオ4世」(青い四角の光輪で描かれるため存命であったことが分かる)、「聖ヴィトゥス」、「磔刑」(キリストはまだ生きている)、「墳墓でのマリアたち」(イエスの復活後、空の墓を見つける)、「イエスのリンボ訪問」(リンボは地獄の入り口にあり、洗礼を受けていないが義人であった人の魂が行くとされていた)、「カナの婚礼」(カナでの婚礼でぶどう酒がなくなったが、イエスが水をぶどう酒に変えたという、イエスの最初の奇跡のシーン)など、福音書の各シーンや聖人たちについて描かれる。

　身廊左側面には11－12世紀のフレスコもあり、「聖アレクシスの伝説」、「聖シシンニウスの伝説」(俗語であるイタリア語が書かれていて、現存する最古のイタリア語である)、「教皇座の聖クレメンスと聖人たち」などが描かれている。

　右側廊には8－9世紀の「聖母子」フレスコなどがある。左側廊に古い墓の跡があり、聖キュリロスの墓であった可能性がある。

　4世紀教会より下には、共和政および帝政時代のローマの建築遺構がある。古代の通りや、3世紀のミトラ神殿(ペルシャ起源の密儀宗教で、軍人の間に広まった)、およびミトラ教の学校跡もある。古代の水道も見ることができる。流れてくる水は、地上の教会前の前庭の噴水に用いられている。

4. サンティ・クァトロ・コロナーティ
Santi Quattro Coronati

———————————————————— *Via dei Santi Quattro, 20*

　サン・クレメンテのあるサン・ジョヴァンニ・イン・ラテラノ通りの一本南の通りがサンティ・クァトロ通りである。コロッセオ側から行けば、少し急な坂を上ることになる。ラテラノ側からは比較的平らである。

　サンティ・クァトロ・コロナーティ教会は四戴冠殉教者にささげられている。四戴冠殉教者には諸説ある。ある説ではディオクレティアヌス時代の兵士セヴェルス、セヴェリアヌス、カルポフォルス、ヴィクトリヌスだと言う。別の説では同じくディオクレティアヌス時代にパンノニア（現ハンガリー）で殉教した彫刻家シンフォリアヌス、クラウディウス、カストル、ニコストラトゥスと言う。もう一つ別の説では311年に殉教した、皇帝ガレリウスの逸名の4人の近衛兵なのだと言う。

　アエミリアヌスの名義教会とも呼ばれる教会は4世紀に創建された。中世初期に何度か改築されているが、1084年にロベール・ギスカールによって破壊された。12世紀初めに再建されたが、もともとの教会よりだいぶ小さな大きさに再建された。教会前の前庭や教会内部に古い、より大きい教会の円柱を見ることができる。現在の教会の基本形は、ロマネスク様式である。

　教会の入り口にあるのは、カロリング時代の鐘塔である。カロリングとは、800年に教皇レオ3世から西ローマ皇帝の冠を受けたカール大帝の王朝である。厳密に言えばメロヴィング朝を廃してフランク王となったカールの父ピピン3世（小ピ

サンティ・クァトロ・コロナーティの入り口

4. サンティ・クァトロ・コロナーティ

ピン）から始まるが、732年にトゥール・ポワティエの戦いでイスラーム軍を撃退した祖父カール・マルテルの時からカロリング家はすでにフランク王国の実権を握っていた。

内部は薄暗い。壁に中世のフレスコの跡も見える。後陣のフレスコは「四戴冠殉教聖人の生涯」で、17世紀前半の作品である。教会の地下聖堂には四戴冠殉教者の墓と遺骨がある（回廊で見学を申し出る）。

後陣フレスコ

教会の左側には、13世紀初頭に造られたロマネスクの回廊がある。回廊内には聖バルバラの礼拝堂（9世紀）があって、12世紀のフレスコの跡が残る。聖母子や四福音書のシンボルなどが描かれている。見学時間内に呼び鈴を鳴らして訪れることができる。

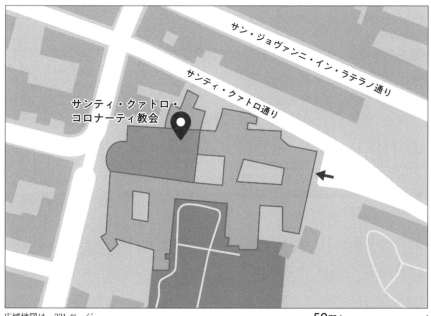

広域地図は、331ページ

第4章　コロッセオ、チェリオの丘周辺の教会

回廊

第2前庭、教会はかつては現在のものより大きかった。

サン・シルヴェストロ礼拝堂

　教会を出て、前庭に戻ろう。第2前庭（奥側の前庭）右側に修道院の入り口がある。そこで見学時間内に呼び鈴を鳴らすと、サン・シルヴェストロ礼拝堂を訪れることができる（要寄付）。

　コズマーティ床を持つこの礼拝堂は13世紀半ばのフレスコで有名である。一面フレスコで飾られていて、「聖母と洗礼者ヨハネ、使徒、2人の天使たちの間に座すキリスト」、そして「コンスタンティヌスの生涯」が描かれている。コンスタンティヌス帝のフレスコは、中世の伝説に基づいている。ハンセン病を患ったコンスタンティヌス大帝は教皇シルヴェステルによって癒やされた。これに感謝して皇帝はキリスト教を公認し、その後教皇シルヴェステルの手で洗礼を受けたというのである。

　実際には、コンスタンティヌスがハンセン病を患ったことはない。コンスタンティヌスがキリスト教を公認したのはシルヴェステルではなくミルティアデスの時代である。またコンスタンティヌスが洗礼を受けたのは死の直前、アレイオス派の司教ニコメディアのエウセビオスの手によってである。

　しかし、中世においてはこの伝説は広く信じられていた。『コンスタン

164

ティヌスの寄進状』という文書があり、これに基づいて、皇帝コンスタンティヌスがシルヴェステル教皇とその後継者に、全キリスト教世界の霊的首位権のみならず西方世界の領土と世俗的権威を与えたと信じられてきた。

15世紀の人文学者ロレンツォ・ヴァッラは、文献学的研究から、この文書を後世の偽書であることを明らかにした。実際には8世紀か9世紀頃に、ローマないしはフランスのランスで書かれたものである。諸教皇が、ローマ教皇の霊的世俗的権威の根拠としてきた文書を偽物だと暴いたこのヴァッラが、後に教皇庁お抱えの学者となっているのもおもしろい。

教会国家の領土は、ローマ周辺の聖ペトロ世襲領、大教皇グレゴリウス1世による弱体化した東ローマ帝国のラヴェンナ総督府の統治の代行、あるいはピピン3世の寄進などに基づいて歴史的に形成されてきたもので、コンスタンティヌスが贈与したものではない。教皇領外の一部の地域、シチリアやナポリ王国、あるいはフェラーラなどの北イタリアの一部などにおいては、ローマ教皇は建前上封建領主となっていて、これらの諸地域では君主たちが近世の初めくらいまで、実際に封建税を教皇に支払っていた。これも歴史的経緯によるもので、コンスタンティヌスの寄進に基づくものではない。

なお、サン・シルヴェストロ礼拝堂のフレスコの作者は、ラツィオ州南東部にあるアナーニ大聖堂のクリプタのフレスコの作者（3人いるフレスコ作者の最後の者）と同じである。コンスタンティヌスの洗礼と、ローマで油の煮えたぎる鍋に落とされた福音記者聖ヨハネ（奇跡によって助かり、殉教はしなかった）、この二つのシーンはまるで同じ情景ではないかと思えるくらい酷似している。

第4章　コロッセオ、チェリオの丘周辺の教会

5. サント・ステファノ・ロトンド
Santo Stefano Rotondo

——————————————*Via di Santo Stefano Rotondo, 7*

コロッセオからクラウディア通りを南下するか、ラテラノからネロ帝の水道橋に沿ってサント・ステファノ・ロトンド通りを西に行くと、円形の教会に行き着く。それが「丸い（ロトンド）」と呼ばれるこの教会である。

サント・ステファノ・ロトンドのファサード

聖ステファヌスは「最初の殉教者」と呼ばれる。イエスは世の罪を背負って、全人類を贖い救うために十字架につけられたが、ステファヌスはイエスの死と復活後に信仰のために命を失い殉教の冠を受けた最初の人である（使徒言行録6章から7章）。助祭であったとされ、また石打ちで殺されたため、ダルマティカ（助祭の祭服）を着た姿で石とともに描かれることが多い。

教会が創建されたのは5世紀後半、教皇シンプリキウスの時代であった。エルサレムのイエスの墓（イエスは復活して、その後、天に昇ったので当然空である）を模して円形に造られた

殉教者たちを描いたフレスコ

のだという。実際には、コンスタンティヌス大帝による建立時からイエスの墓は八角形をしていたのであるが。ともあれ、八角形や円形は、完全性を示す形であった。この教会は名義教会でもあった。その後幾度か修復が加えられているが、初期キリ

166

5. サント・ステファノ・ロトンド

スト教様式の 5 世紀教会の基本形を保っている。

中は意外に広い。壁面には一面に殉教を描いた 16 世紀のフレスコが並ぶ。最初の殉教者ステファヌスに敬意を表して、殉教の花冠（ギリシア語の「ステファノス」には「花冠」という意味がある）で聖堂の壁を飾ったのである。

入ってすぐ左側に椅子がある。大教皇レオ 1 世の司教座と呼ばれるが、さらに古く、ローマ時代のものであるらしい。

大教皇レオ 1 世の司教座と伝えられる椅子

教会の中央に祭壇がある。一部 5 世紀の色大理石床や、白黒モザイク床なども残っている。

教会の入り口のすぐ左側にあるサンティ・プリモ・エ・フェリチアーノ礼拝堂は 7 世紀半ば（教皇テオドルス 1 世時代）のもので、奥に当時のモザ

広域地図は、331 ページ　　　　50m

第4章　コロッセオ、チェリオの丘周辺の教会

サンティ・プリモ・エ・フェリチアーノ礼拝堂のモザイク

イクがある。宝石の施された十字架の上にキリストがいるが、磔刑を表しているものではない。

　このモザイクでは、キリストの周りに聖プリムスと聖フェリキアヌスがいる。二人は兄弟の殉教者で、ディオクレティアヌス帝の時代頃にローマ北郊外、ノメンターナ街道沿いで殉教したらしい。教皇テオドルス1世は遺骨をローマに持ってきて、この礼拝堂に安置した。

6. サンタ・マリア・イン・ドムニカ
Santa Maria in Domnica

―― Via della Navicella, 10

　コロッセオから南南東に向かうクラウディア通りをしばらく行って、緩やかな坂道を上りきったあたり、ちょうどサント・ステファノ・ロトンド教会の後ろあたりにサンタ・マリア・イン・ドムニカはある。助祭教会の中でもいちばん権威のある助祭長教会で、日曜ごとに貧しい人々に施しを行っていたため、「ドムニカ」（ラテン語で「日曜日」）の名前がある。教会前に小さな舟型噴水があるため、サンタ・マリア・イン・ナヴィチェッラとも呼ばれている。「ナヴィチェッラ」はイタリア語で「小さな舟」のことである。

　教会の起源は7世紀くらいとされているが、より古い可能性もある。

サンタ・マリア・イン・ドムニカのファサード

教会前の舟の彫刻

9世紀前半（パスカリス1世）と16世紀初め（レオ10世）に再建され、9世紀のローマ・ビザンツの要素とルネサンス様式を併せ持つ。

　ファサードとその下のポルティコはレオ10世時代のものである。6つの丸薬（あるいは吸い玉）のメディチ家の紋章がある。ピウス4世のミラノのメディチではなく、正真正銘のフィレンツェのメディチ家である。フィレンツェのメディチ家は16世紀前半のレオ10世とクレメンス7世、17

第4章　コロッセオ、チェリオの丘周辺の教会

世紀初頭のレオ11世の3名の教皇を出している。同家は聖コスマスを守護聖人としており、15世紀半ばの「祖国の父」（といってもフィレンツェ共和国のだが）と呼ばれた老コジモ・デ・メディチのように、一族にコジモという名前が頻出する。もともと薬を扱う商人の家系だったと言われている。

中に入ると、9世紀の後陣モザイクが目に入る。このモザイクは教皇パスカリス1世時代のものである。いちばん上に「パスカル」のモノグラムがある。モザイクの中央に聖母子が座している。それを取り囲むのは天使たちである。足元にひざまずいているのは教皇パスカリス1世で、青い光輪で描かれており、当時存命であったことが分かる。赤いデー

後陣モザイク

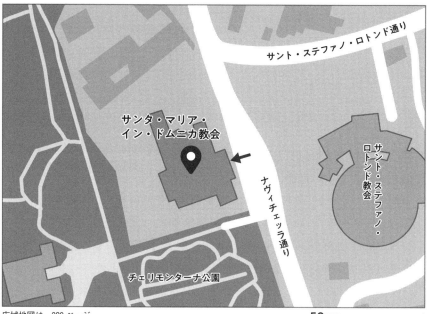

広域地図は、330ページ

170

6. サンタ・マリア・イン・ドムニカ

ジーのような花はパスカリス1世時代のモザイクによく登場する。

　モザイクの下のフレスコはずっと新しく、17世紀のものである。助祭殉教者聖ラウレンティウスのエピソードである。聖ラウレンティウスが聖キリアカを癒やすシーン、貧者の足を洗うシーン、貧者に施しをするシーンなどである。この教会が助祭教会として造られたことを証ししている。

　上の後陣アーチのモザイクもパスカリス1世時代のものである。中央に座しているのはキリストである。その両脇にいるのは天使である。そして十二使徒が、左右6人ずつ囲んでいる。その下には右にエリヤ、左にモーゼが描かれている。モーゼとエリヤは「主の変容」（マタイによる福音書17・1-9、マルコによる福音書9・2-13、ルカによる福音書9・28-36）を暗示している。

　イエスはペトロ、ヨハネ、ヤコブの3人の弟子を連れて山に登った。イエスが祈っているうちに、イエスの姿が急に輝きだし、モーセとエリヤと語らっているのが見えた。あまりの驚きにペトロは混乱してイエスに言った。「主よ、わたしたちがここにいるのは、すばらしいことです。お望みでしたら、わたしがここに仮小屋を三つ建てましょう。一つはあなたのため、一つはモーセのため、もう一つはエリヤのためです」（マタイによる福音書17・4）。

　このシーンを主の変容と言う。この山はしばしば上ガリラヤ地方のタボル山ではないかとされる。これはビザンツ期以降生まれた伝承で、実際には、現在のレバノン、シリア国境（ゴラン高原はイスラエルが占拠しているので事実上イスラエルとも境を接する）にあるヘルモン山であったとされている。

第4章　コロッセオ、チェリオの丘周辺の教会

7. サンティ・ジョヴァンニ・エ・パオロ
Santi Giovanni e Paolo

——————————*Piazza dei Santi Giovanni e Paolo, 13*

コロッセオからサンタ・マリア・イン・ドムニカに向かう途中に、右側にアーチがある。これはドラベラの門と呼ばれ、後10年、セルウィウスの市壁にローマの執政官ドラベラとシリアヌスが建設したローマの市門である。

セルウィウスの市壁は、前6世紀に王政ローマの6代目の王セルウィ

サンティ・ジョヴァンニ・エ・パオロのファサード

ウス・トゥッリウスによって建設されたとされる、全長11キロほどのローマの市壁である。当時は土塁に木の柵で造られていたようだが、共和政時代になった前4世紀、大きな切り石で再建された。この再建時の市壁は、テルミニ駅のそばやアヴェンティーノのアルバニア広場など各所に残っている。

かつては、市壁はこの共和政代のものだけで、セルウィウス・トゥッリウスによる建設は伝説にすぎないと考えられていた。考古学調査により、前6世紀の遺構があったことが確認されている。

現存するローマの市壁は、273年頃にローマ皇帝アウレリアヌスが建設した全長19キロほどの市壁を基本とする。この当時にはすでにセルウィウスの市壁を大幅に超えてローマの市域が広がっていたが、3世紀の危機の時代に至るまで、市壁の拡大の必要性はなかった。

ローマの市壁は、ヴァティカン周辺およびテヴェレ川岸、トラステヴェレ地区では、アウレリアヌスの市壁とはルートが変わっている。ヴァティ

7. サンティ・ジョヴァンニ・エ・パオロ

カン周辺の市壁は、846年のサラセン人（イスラーム教徒）によるアウレリアヌスの市壁外の教会の破壊（サン・ピエトロを含む）の直後に教皇レオ4世が建設したレオの市壁であり、トラステヴェレ周辺の市壁は17世紀にウルバヌス8世が建設した市壁で、いずれもアウレリアヌスの市壁ではない。

チルコ・マッシモからチェリオに上がる坂道（スカウロ坂）からもサンティ・ジョヴァンニ・エ・パオロに着く。途中に見えるのは大教皇グレゴリウス1世にささげられたサン・グレゴリオ・マーニョや、三つ子の祈禱堂群（右からサンタ・シルヴィア、サンタンドレア、サンタ・バルバラ）、またマザー・テレサの修道会の修道院などである。

サンティ・ジョヴァンニ・エ・パオロ教会は4世紀半ばの「背教者」ユリアヌス帝時代の殉教者ローマの聖ヨハネと聖パウロにささげられている。この場所に両人の家があったとされる。二人は聖職者ではなく、裕福な信徒だったようだ。信心深く、貧者のためにいつも施しを行っていたと

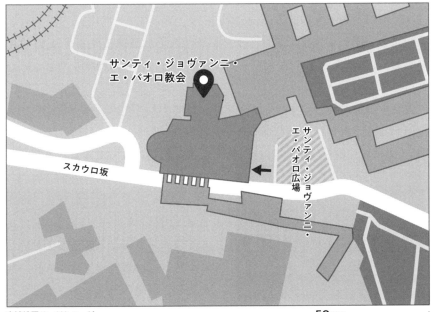

広域地図は、330ページ　　　　　　　　　　50m

第4章　コロッセオ、チェリオの丘周辺の教会

ロマネスク鐘塔とクラウディウスの神殿

言う。

　名義教会としての創建は4世紀末である。異民族による破壊（410年の西ゴート族のアラリック王の侵攻）、5世紀半ばの地震、果てはロベール・ギスカールによる1084年の破壊まで、教会は壊されては再建されてきた。近代の改修はあるが、現在の教会は12世紀初頭の再建時のロマネスク様式と18世紀初めの改装によるバロック様式を基本形とする。

　教会の左側には、壁を支えるために道路上に支えのアーチがある。13世紀初めに追加された。教会の右手には12世紀初頭のロマネスク鐘塔があるが、基礎部分は1世紀の皇帝クラウディウスの神殿を再利用している。

　ファサードは20世紀半ばの修復で初期キリスト教時代のファサードが復元されたものである。ポルティコは12世紀半ばに建設された。ロマネスクの扉口や獅子像もある。

　中は少し暗い。床はコズマーティ装飾である。後陣モザイクは16世紀のもので、「栄光のキリスト」、「聖ヨハネと聖パウロの殉教」などが描かれている。

　教会を出て左側、支えアーチの下を抜けて少し行くと、地下構造への入り口がある。有料だが、なかなかおもしろい。

ロマネスクの獅子

　　　　　　地下構造に入ってすぐにある部分は、9世紀のフレスコのある教会のクリプタである。奥は結構広さのある2-3世紀のローマ時代の家である。フレスコによる装飾が美しい。フレスコには幾何学文様や人物、鳥や動物、劇場の仮面などさまざまなモチーフが描かれている。

174

7. サンティ・ジョヴァンニ・エ・パオロ

このローマ時代の家は後にキリスト教の家に改造された。キリスト教時代、4世紀末のフレスコもある(「オランスと2人の人物」「聖クリスプス、聖クリスピニアヌス、聖ベネディクタの殉教」など)。

ローマ時代の家のさらに奥には小博物館もある。古代から中世にかけての出土品が展示されている。古代の彫像、ガラス、ランプ、テッラコッタの刻印(ローマ時代、テッラコッタには納税の証明のための刻印が必ず付けられており、それによって時代が分かる)、中世のコズマーティ床、12世紀のスペイン南部や北アフリカのイスラーム地域から輸入された皿などがある。クリプタにあった12世紀のフレスコ「キリストと大天使たち」もここに移されている。

ロマネスク鐘塔は基本的にレンガでできているが、レンガや大理石が使われている部分以外に、赤や緑や黄色のものがある。実はそれらは皿である。小博物館には、実際に使われていたそれらの皿なども飾られている。

地下遺構、4世紀末のフレスコ「オランスと2人の人物」

第 5 章

パンテオン、ナヴォーナ広場周辺の教会

第5章　パンテオン、ナヴォーナ広場周辺の教会

🏠 1. パンテオン *Pantheon*

―――――――――――――――― *Piazza della Rotonda*

カエサルが暗殺されたラルゴ・アルジェンティーナの聖域（トラムが通り、バスが頻繁に行きかう交通広場になっている）から北側に細い道を行くと、パンテオンに行き着く。サンティニャツィオ・ディ・ロヨラ教会から西側に行ったり、ナヴォーナ広場から東側に向かってもよい。

パンテオンのファサード

パンテオン周辺は昼も夜もいつでも人が絶えない。周囲にはレストランが並び、北東側にはタッツァ・ドーロ、西側にはサンテウスタキオという、有名なコーヒー店もある。

前27年、アウグストゥス帝の幕僚で娘婿であったマルクス・ウィプサニウス・アグリッパがすべての神にささげる神殿を建設した。パンテオンという名前はギリシア語から来ており、そのまま万神殿という意味である。

この神殿はその後火災に遭い、2世紀初めに皇帝ハドリアヌスが再建した。アグリッパによる神殿が長方形をしていたのに対し、ハドリアヌスは円形の神殿に建て直した。

神殿は7世紀初めに教会堂に転用された。サンタ・マリア・アド・マルティレス、「殉教者たちの聖マリア」教会に名前も変えられた。丸い形をしているので、「サンタ・マリア・ロトンダ」とも呼ばれる。といっても、一般的な名称はパンテオンのままである。イタリア語では、「h」のない「Panteon」とも書かれる。

ロトンダ広場にはオベリスクがある。これはシクストゥス5世時代の巡

1. パンテオン

礼の目印とは違って、18世紀初めにサンティニャツィオ教会近くから移されたものである。エジプトのファラオ（王）のラムセス2世時代のもので、古代にローマにもたらされた。

　ファサードに碑文が書かれている。オリジナルの神殿の碑文で、ハドリアヌスの再建の時につけ直された。M·AGRIPPA·L·F·COS·TERTIVM·FECITとあるが、「ルキウスの子マルクス・アグリッパが3度目の執政官をしている時に建設した」という意味で、前27年にあたる。執政官は2人選ばれるが、この年の同僚執政官はアウグストゥス帝で、7度目の執政官職であった。

　大理石製のファサードの下には、列柱廊がある。円柱が4列に並んでいる。かつてはここに、アウグストゥスやアグリッパの彫像もあったのだろう。

　中は意外に広い。一つの廊だけで支えの柱がない空間としては、古代において、そして現代建築は知らないけれども前近代の建築では、世界で最

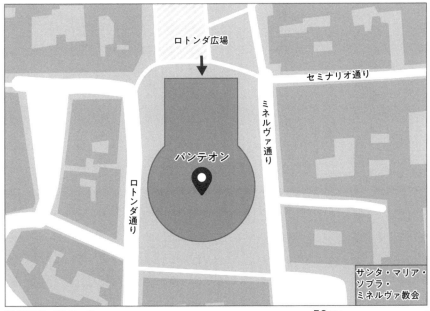

広域地図は、333ページ　　　　　　　　　50m

179

第5章　パンテオン、ナヴォーナ広場周辺の教会

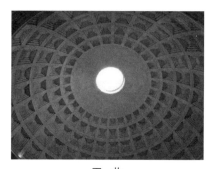

天井

7世紀の聖母子の聖画

も広いのだと言う。

　天井に穴が開いている。古代の円形の神殿などの建築では天井に丸い穴が開いている建築は結構ある。そして、この穴にはガラスなど入っていない。そのまま空に抜けることができる。

　パンテオンの穴から中に雨が入ってくることはない、とよくローマでは言われる。残念ながらこれは都市伝説の類で、実際には、激しい雨の後にはモップで水をかき出している光景が見られる。なお、聖霊降臨祭にはこの穴からバラの花びらがまかれる。

　教会の奥側、主祭壇の上には聖母子のフレスコがある。ローマ・ビザンツ風で、7世紀とかなり古い。

　内部の両側に、統一イタリア王国サヴォイア王家の王たちの墓がある。右側にあるのはヴィットリオ・エマヌエーレ2世の墓である。もともとトリノを首府とするサルデーニャ王国の王であったが、1861年にイタリア王となった。1870年にはローマを領域に加え、イタリア統一に成功した。ローマは、1871年から統一イタリア王国の首都となった。

　左側にあるのは、イタリア王ウンベルト1世と王妃マルゲリータの墓である。ウンベルト1世はヴィットリオ・エマヌエーレ2世の後、2代目のイタリア王となった。ヴィットリオ・エマヌエーレ2世の妻マリア・アデライデはサルデーニャ王妃ではあったが、イタリア統一以前に亡くなったので、マルゲリータは初のイタリア王妃ということになる。

　パンテオンはイタリア王の墓所となるはずであったが、埋葬されているのはこの2人の王だけである。3代目のヴィットリオ・エマヌエーレ3世

1. パンテオン

も、4代目のウンベルト2世も、亡くなったのは王政廃止（1946年）後で、ファシスト政権に協力したとして国外に追放され、ここに埋葬されることはなかった。

パンテオンの左前方付近に画家のラファエロ・サンツィオの墓がある。ラファエロは1520年にローマ

ラファエロの墓

で亡くなった。墓の上にある「岩の聖母」の彫刻はラファエロの弟子ロレンツェットが同年に制作したものである。

ほとんどの人がラファエロの名を聞いたことがあると思う。マルケ地方のウルビーノ出身の画家で、その甘美な聖母の絵はとても人気がある。ヴァティカン博物館の絵画館、フィレンツェのウフィッツィ美術館やピッティ宮殿、その他ヨーロッパ各国の主要美術館に作品がある。37年という、決して長くはない生涯で幾度か画風が変わったことでも知られる。

初期は師匠であったペルジーノ（ピエトロ・ヴァンヌッチ）やピントゥリッキオ風の、優しく甘美な女性的な絵を多く描いていた。例としては、フィレンツェのウフィッツィ美術館の「ヒワの聖母」、同ピッティ宮殿の「大公の聖母」、ミラノのブレラ美術館の「聖母の結婚」などが挙げられる。

やがてヴァティカンのシスティーナ礼拝堂壁画のミケランジェロ・ブオナッロッティ風の男性的な力強い画風に変わっていく。ヴァティカン博物館の署名の間の「アテナイの学堂」やトラステヴェレにあるファルネジーナ荘の壁面フレスコ画が例である。フィレンツェのピッティ宮殿の「ヴェールを被る女性」のように優美な女性像も手がけるが、ペルジーノやピントゥリッキオ風なところはいささかも残っていない。

最晩年になると、マニエリスム的な画風になる。マニエリスムとは後期ルネサンス様式のことで、ミケランジェロなどの巨匠の「マニエラ（技巧）」に従おうとする。不自然に技巧主義的になり、構図や人体のプロポーションも崩れ、どうしても不安定な印象を受けてしまう（『芸術家列伝』の

第5章　パンテオン、ナヴォーナ広場周辺の教会

15世紀のフレスコ「受胎告知」

ジョルジョ・ヴァザーリはマニエリスムの代表の1人である)。ヴァティカン博物館の絵画館にある「主の変容」は最晩年の画風の好例である。

　教会内には14-15世紀のフレスコ画も残されているので、見てほしい。右第1礼拝堂のフレスコはメロッツォ・ダ・フォルリ（画家については異説もある）による「受胎告知」がある。右第1礼拝堂と右第2礼拝堂の間には14世紀のフレスコ「聖母戴冠」がある。右第2礼拝堂と第3礼拝堂の間には15世紀、ウンブリア-トスカーナ画派の「聖母子と洗礼者聖ヨハネ、アッシジの聖フランチェスコ」のフレスコがある。

2. サンタ・マリア・ソプラ・ミネルヴァ
Santa Maria sopra Minerva

―――――――――――――――――――*Piazza della Minerva, 42*

サンタ・マリア・ソプラ・ミネルヴァはパンテオンの後ろ側にある教会である。ミネルヴァ（古代の発音ではこう表記する）・カルキディカ神殿の上に建てられたので、「ミネルヴァの上の」という名前がついている。

サンタ・マリア・ソプラ・ミネルヴァのファサード

ミネルヴァとは、ギリシア神話のアテナ神で、主神ユピテル（ゼウス）の娘の処女神である。戦争や学問の女神で、彫刻ではしばしば兜をかぶっている。キリスト教の聖人と同じようにアトリビュート（属性を示すしるし）があり、しばしばフクロウとともに描かれる。ユピテル（ゼウス）、その妹にして妻のユノ（ヘラ）、そしてミネルヴァ（アテナ）の3神が祀られる神殿が、カンピドーリオにあるような「カピトリウム」である。

教会の創建は8世紀以前である。現在の教会はドミニコ会（説教修道会）により1280年頃に建設が開始されたが、アヴィニョン教皇庁および大シスマ期に建設がストップし、15世紀半ばにようやく完成したゴティック教会である。ゴティック教会の作例はローマでは少なく、現存する例はこの教会と、アッピア旧街道沿いのサン・ニコラ・ア・カポ・

テヴェレの洪水の水位を表す銘板

183

第5章　パンテオン、ナヴォーナ広場周辺の教会

ディ・ボーヴェ教会の廃虚だけである（19世紀のネオ・ゴティックは除く）。

ファサードは15世紀半ばのものである。ファサード右側には、1422年から1870年に至るまでのテヴェレ川の氾濫時の水位を示した銘板がある。教会前の広場には紀元前6世紀のエジプトのオベリスク（古代にローマにもたらされた）と17世紀前半のベルニーニによる象の彫刻がある。教会左手の建物もドミニコ会の建物で、「それでも地球は動いている」のガリレオ・ガリレイ裁判（1633年）が行われたところである。

中に入ろう。天井は青く塗られている。身廊部分は意外に光が入る。後陣部分は薄暗い。

主祭壇にはシエナの聖カタリナ（1380年没）の墓がある（イザイア・ダ・ピーザに帰属）。シエナの聖カタ

シエナの聖カタリナの墓

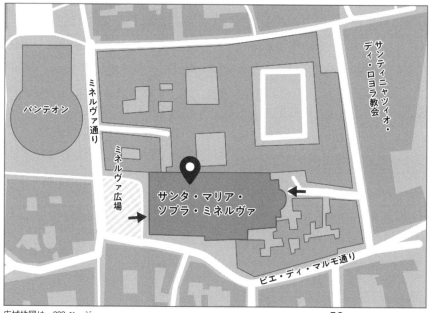

広域地図は、333ページ　　　　50m

2. サンタ・マリア・ソプラ・ミネルヴァ

リナはドミニコ会第三会会員で、この教会近く (Piazza Santa Chiara, 14、パンテオン裏側二本目の通り沿い) には彼女が亡くなった部屋が礼拝堂になって残っている。カタリナは教皇グレゴリウス11世を説得し、アヴィニョンにあった教皇庁をローマに戻すのに貢献した女性である。ヴァティカンによって教会博士の称号も与えられている。4月29日の聖カタリナの祝日には、墓の中に入って、聖女の墓に手を触れることもできる。

ミケランジェロ「復活したキリスト」

主祭壇左には、ミケランジェロによる「復活したキリスト」の大理石像が置かれている。1519–21年の作品である。

後陣にはステンドグラスがはめ込まれている (後代のものだが)。この後陣部分には、レオ10世 (左) とクレメンス7世 (右) の2人のメディチ家教皇の墓がある。

この教会の礼拝堂は芸術作品 (特に15世紀) の宝庫である。順を追って紹介しよう。

右第5礼拝堂には、本書でも幾度か登場しているアントニアッツォ・ロマーノによる「受胎告知」のフレスコがある。ドミニコ会士のファン・デ・トルケマダ枢機卿も描かれているが、この枢機卿がこの教会を完成させた。

右第7礼拝堂には、15世紀後半の墓がいくつか置かれている。礼拝堂奥側にあるのは、メロッツォ・ダ・フォルリとアントニアッツォ・ロマーノの作とされるフレスコ「裁き手としてのキリスト」である。

右袖廊いちばん右の礼拝堂はカラーファ礼拝堂で、入り口のアーチはミーノ・ダ・フィエーゾレ、ヴェロッキオ (レオナルド・ダ・ヴィンチの師)、ジュリアーノ・ダ・マイアーノによるものである。中のフレスコはフィリッピーノ・リッピが15世紀末に描いたもので、奥は「受胎告知と聖トマス・アクィナスより聖母に紹介されるオリヴィエロ・カラーファ枢機

卿」、右に「聖トマスの勝利と磔刑の奇跡」である。

　カラーファ礼拝堂左側にジョヴァンニ・ダ・コズマによる13世紀末のギョーム・デュランの墓がある。モザイクは「王座の聖母子と聖ドミニコ、聖プリヴァトゥス」を描いている。

　右袖廊の祭壇寄りの礼拝堂はカプラニカ礼拝堂である。ドメニコ・カプラニカ枢機卿の墓（1470年制作、ブレーニョ周辺）がある。カプラニカ枢機卿は、この近くに貧しい神学生のためにカプラニカ学寮を創建した人物でもある。

　左第3礼拝堂に「贖い主キリスト」がある。この作品はペルジーノ作とされている。左第3礼拝堂と第4礼拝堂の間にはベルニーニ制作の墓もある。

　左側廊入り口付近にも15世紀後半の墓がいくつかあるが、ミーノ・ダ・フィエーゾレ、アンドレア・デル・ブレーニョ、ジョヴァンニ・ダルマータといった彫刻家が制作したものである。

　左袖廊、後陣側からの出入口の前室にも15世紀の墓がいくつかある。なかでもドミニコ会の画僧フラ・アンジェリコ・ダ・フィエーゾレの墓（1455年、イザイア・ダ・ピーザの作）はぜひ見ておきたい。

　フラ・アンジェリコはフィレンツェ近くのフィエーゾレ出身のドミニコ会修道士で、フィレンツェのサン・マルコ修道院に所属していた。後にローマに呼ばれ、こちらで亡くなったため、ここに墓がある。

　フラ・アンジェリコの画風は清楚で美しく、いつしか「ベアート・アンジェリコ（祝福されたアンジェリコ）」と呼ばれるようになった。ヨハネ・パウロ2世によって福者に列せられたので、正真正銘の福者（ベアート）となった。

画僧フラ・アンジェリコの墓

　フィレンツェのサン・マルコ修道院のフレスコ画はこの画僧の作品で、とりわけ「受胎告知」は有名で

ある。一面緑で、花々が咲き乱れる中、大天使ガブリエルが乙女マリアに受胎を告知している。マリアは気高く、神々しく、美しい。崇高な姿の中にも、「わたしは主のはしためです。お言葉どおり、この身に成りますように」（ルカによる福音書 1・38）という謙遜が表れている。

　この左側のフランジパーネ礼拝堂には、フラ・アンジェリコ工房の聖母子のフレスコがある。礼拝堂内の 15 世紀の墓はアゴスティーノ・ドゥッチョかミーノ・ダ・フィエーゾレによる作品とされている。

　左袖廊側にある聖具室にあるのはアントニアッツォ・ロマーノのフレスコ断片（15 世紀末）である。左袖廊手前側には、ルイージ・カッポーニによる彫刻家アンドレア・デル・ブレーニョの墓もある。数多くの大理石の墓を造った彫刻家自身も、大理石の墓の中で眠っている。

　教会に付属して回廊もある。回廊内には 15 世紀の墓が数多くある。

第5章　パンテオン、ナヴォーナ広場周辺の教会

🏛 3. マッダレーナ *Maddalena*

—————————————— Piazza della Maddalena, 53

パンテオンから少し北に行くと、このマッダレーナ教会にたどり着く。この辺りにはおいしいジェラート屋が多いが、マッダレーナの先の丁字路を右（イタリア共和国下院方面）に曲がったすぐ先のジョリッティは特に有名である。

マッダレーナ教会は14世紀に創建されたが、現在の建築は17世紀の再建によるものである。バロック様式が主だが、ファサード（18世紀前半）はロココ様式である。

マッダレーナ教会のファサード

ロココとは、フランス語の「岩（ロカーユ）」に由来する18世紀の芸術様式で、特にフランスで花開いた。建築では、ヴェルサイユのプティ・トリアノン宮殿が典型例である。イタリアでは後期バロック（バロッケット／小バロック）様式の影響が強かったため、ロココ様式の影響は限定的で、あまり作例は多くはない。

マッダレーナとは、マグダラのマリアを指す。実は福音書に登場する3人の人物からなる。ガリラヤ湖畔のマグダラ（ミグダル）出身のマリア、罪の女、そしてベタニアのマリアである。もともと別の人物であったこの3人がいつしか同じ人物と見られるようになった。

罪の女はヨハネによる福音書8・3-11に登場するエピソードである。ある女が姦通の現場を見つけられ、捕えられた。ファリサイ派の人々はイエスを試そうと、この女をイエスの前に連れてきた。モーセの律法では、こういう女は石で打たれて殺さねばならなかったので、イエスを罠にかける口実を探していたのである。

188

イエスは言った。「あなたたちの中で罪を犯したことのない者が、まず、この女に石を投げなさい」。皆黙って、一人ひとり去っていった。最後にイエスと女が残った。イエスは言った。「婦人よ、あの人たちはどこにいるのか。だれもあなたを罪に定めなかったのか」。女は答えた。「主よ、だれも」すると、イエスは言われた。「わたしもあなたを罪に定めない。行きなさい。これからは、もう罪を犯してはならない」。

ベタニアのマリアは福音書に何度も登場する。ルカによる福音書10・38-42では、イエスの話に聴きほれて家事をしないマリアに姉のマルタが不満を述べている。イエスは、妹は家事とイエスの話を聞くという二つのうちの良い方を取ったのだから、とマルタを慰めている。

ヨハネによる福音書12・1-8では、イエスに香油を振りかけ、髪の毛でその足をぬぐったマリアに、後にイエスを裏切るイスカリオテのユダが文句を言う。会計係であったユダはその香油の価値をよく知っていた。

一方、マグダラのマリアは特にイエスの復活のシーンで重要な役割を占

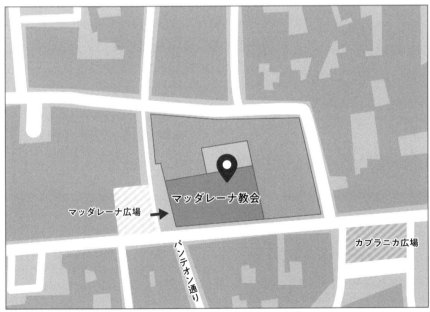

広域地図は、333ページ　　　　　　　　　　50m

第5章　パンテオン、ナヴォーナ広場周辺の教会

める女性である。空になったイエスの墓（イエスの復活を暗示する）を発見したのは、マグダラのマリアほかの女性たちだった（マタイによる福音書28・1-10、マルコによる福音書16・1-8、ルカによる福音書24・1-12、ヨハネによる福音書20・1-10）。

　復活されたイエスがマグダラのマリアに姿を現したシーンは「ノリ・メ・タンゲレ（私に触れてはいけない）」と呼ばれる。ヨハネによる福音書20・11-18のシーンである（より簡単な形でマルコによる福音書16・9-11にも登場する）。イエスの体が見つからないことに嘆いていたマグダラのマリアの前に園丁のような姿をした男が現れる。最初は誰だか分からなかったが、男が「マリア」と呼びかけると、マリアはそれがイエスだと気付き、「ラボニ（先生）」と答える。そしてイエスはマグダラのマリアに言われる。「わたしにすがりつくのはよしなさい。まだ父のもとへ上っていないのだから」。

天井画。「マグダラのマリアの生涯」など

　この3人の人物をマグダラのマリアという一人の聖女に描いた西方教会の伝統では、福音書に描かれる画題以外では、特に近世以降、「改悛するマグダラのマリア」というテーマで描かれることも多い。砂漠で隠者のような生活をしている姿で描かれる。されこうべは隠者の象徴である。中世の画像の伝統ではむしろ、香油瓶とともに描かれることが多い。

　天井のフレスコ画はミケランジェロ・チェルーティによる「マグダラのマリアの生涯」（18世紀前半）である。クーポラ下にはフランス人画家エティエンヌ・パロセルによる「聖三位一体、教会博士」（18世紀前

聖具室

190

3. マッダレーナ

半）が描かれる。

　右第 3 礼拝堂に、カミッロ会の創立者カミッロ・デ・レリスの墓がある。他に特筆すべきものとしては、主祭壇左の礼拝堂に 15 世紀のマグダラのマリアの木製の像や、さらにその左側にある 18 世紀前半の聖具室（見学可）などがある。

第5章　パンテオン、ナヴォーナ広場周辺の教会

4. サンタニェーゼ・イン・アゴーネ
Sant'Agnese in Agone

Piazza Navona, 24

サンタニェーゼ・イン・アゴーネのファサード

　ナヴォーナ広場は、1世紀後半の皇帝ドミティアヌスの競技場があった場所で、競技場の形が現在の広場に残っている。広場の北側（車の走るザナルデッリ通り側）に行けば、地上部でも遺構が見られるし、広場周辺の建物の地下にも遺構が眠っている。テヴェレ川の水を引いて海戦場にしたと言われることもあるが、実際に水が引かれたことはないらしい。

　ナヴォーナ広場にはいくつかモニュメントがある。中心のオベリスクは古代ローマ時代（ドミティアヌス時代）に造られたもので、エジプトで造られたものではない。ヒエログリフに間違いがあると言う。それまでアッピア旧街道のマクセンティウスの競技場に置かれていたものを、ジャン・ロレンツォ・ベルニーニが1651年、四大河の噴水と一緒にこの場所に立てた。

　オベリスク下にあるのが四大河の噴水で、トレヴィの泉同様、古代ローマのウィルゴ（乙女）水道から水を得ている。四大河はナイル（ジャコモ・アントニオ・ファンチェッリ作）、ガンジス（クロード・プッサン作）、ドナウ（エルコレ・アントニオ・ラッジ作）、南米のラ・プラタ（フランチェスコ・バラッタ作）の擬人化である。

　広場の南側にある噴水はムーア人の噴水である。泉盤は16世紀後半にジャコモ・デッラ・ポルタが制作したもので、1654年にジョヴァンニ・アントニオ・マリが「イルカと戦うエティオペ」の像を制作して以来、こ

の名で呼ばれるようになった。いくつかの彫刻は 19 世紀後半につくられたコピーである。オリジナルの彫像はボルゲーゼ公園（旧市街の北側にある広大な公園で、ボルゲーゼ美術館がある）の湖に移されたためである。

広場に北側にある噴水はネプトゥヌス（ローマ神話の海神、ギリシア神話ではポセイドン、イタリア語ではネットゥーノ）の噴水である。泉盤は 16 世紀後半にジャコモ・デッラ・ポルタが制作したもので、19 世紀後半にネプトゥヌス神や海の神々の彫像が置かれるまで、装飾はなされていなかった。

広場には、東側にノストラ・シニョーラ・デル・サクロ・クオーレ（サン・ジャコモ・デリ・スパニョーリ）という 15 世紀教会がある。本項で扱うサンタニェーゼ・イン・アゴーネは広場の西側に立つ。

「アゴーネ」というのは「競技の広場（カンプス・アゴニス）」というラテン語から来るらしい。この周辺の教会で、かつて「イン・アゴーネ」を冠していた教会がいくつかある。

聖アグネスは、サンタニェーゼのカタコンベの項をはじめ、これまでに

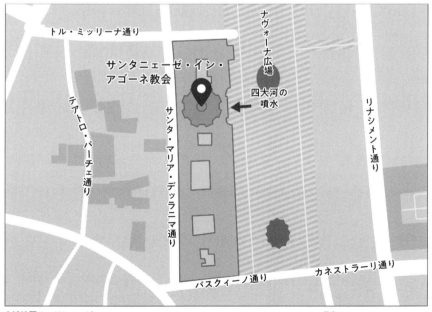

広域地図は、332 ページ　　　　　　　　　　　　　50m

第5章　パンテオン、ナヴォーナ広場周辺の教会

聖アグネスの遺骨

何度か登場した。13、4歳くらいの少女で、キリスト教信仰を守るためにドミティアヌスの競技場で殉教したと伝えられている。

　教会の起源は4世紀にダマスス教皇が創建した礼拝堂らしい。幾度も再建されたが、現在の教会は1653-57年に建築家フランチェスコ・ボッロミーニが再建したバロック教会である。同じ頃ジャン・ロレンツォ・ベルニーニが四大河の噴水に取り掛かっており、二人の芸術家の間には激しいライバル心があったと言う。

　ギリシア十字の集中式プランで、クーポラには17世紀末に「天国の栄光」のフレスコが描かれている。左奥には礼拝堂があって、聖アグネスの頭部の遺骨が安置されている。

⛪ 5. サンタゴスティーノ *Sant'Agostino*

—————————————————————— Piazza Sant'Agostino

サンタゴスティーノのファサード

　ナヴォーナ広場の東側にリナシメント通りが走っている。この通りが西に折れる直前、東側にアーチがある。このアーチをくぐるとサンタゴスティーノ教会にたどり着く。

　聖アウグスティヌスは、西方教会の重要な教父にして教会博士である。北アフリカのタガステ（現アルジェリア）出身で、カルタゴ（現チュニジア）付近のヒッポの司教であった。もとは享楽好きの青年で、マニ教に傾倒していた。マニ教とは、ペルシャのゾロアスター教に大きく影響を受けた（ユダヤ教、キリスト教など他の宗教の影響も強く受ける）善悪二元論に依拠した宗教である。

　ミラノに渡った後、ミラノの司教聖アンブロシウスに薫陶を受け、敬虔なキリスト教徒であった母聖モニカの影響もあり、キリスト教に回心する。モニカがローマの外港オスティアで亡くなった後に北アフリカに戻り、ヒッポの司教となった。430年、異民族のヴァンダル族にヒッポが攻囲されていた時、聖人は亡くなった。

　アウグスティヌスの主著『神の国』、また自身の回心をつづった『告白』は後世に非常に大きな影響を与えた。修道規則も記しており、この戒律は聖ベネディクトゥスの戒律と並び、中世の二大戒律となった。

　サンタゴスティーノ教会は13世紀末に建設が開始され、15世紀前半に完成した。15世紀後半には増築されている。基本形はルネサンス教会である。

　ファサードの石はコロッセオからもたらされたものである。15世紀後

第5章　パンテオン、ナヴォーナ広場周辺の教会

ヤコポ・サンソヴィーノ「出産の聖母」

半の改築部分である。

　主祭壇はベルニーニが設計した。1627年に完成されたものである。主祭壇には、ビザンツ風の聖母子の絵がある。

　この教会も芸術作品が数多くある教会である。真ん中の入口から入ってすぐ右にある彫刻は、ヤコポ・サンソヴィーノの「出産の聖母」(16世紀初め) である。左第3柱にラファエロの「預言者イザヤ」の壁画とアンドレア・サンソヴィーノの「聖アンナと聖母子」の大理石群像があり、いずれも16世紀初めに制作された。

　左第1礼拝堂にカラヴァッジョによる傑作「巡礼の聖母」(1605年) がある。「ロレートの聖母」とも呼ばれる。聖母子像の前に一組の男女がひざまずいている。夫婦だろうか、むしろ親子だろうか。巡礼の足は真っ黒

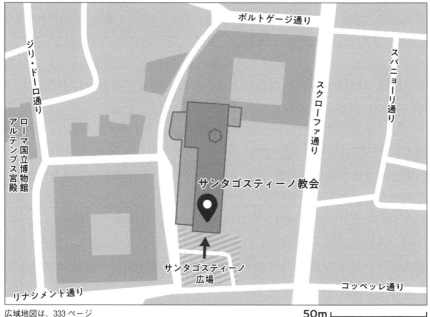

広域地図は、333ページ

5. サンタゴスティーノ

で汚い。着替えも持たず、裸足で一心に長い距離を歩いてきたのである。神々しい聖母子と、素朴な巡礼たちの対比がすばらしい。そして両者は、祈りでつながっているのだ。聖母子は、巡礼の祈りに応える。

左袖廊、主祭壇側の礼拝堂は聖モニカ礼拝堂である。15世紀前半にマルティヌス5世が聖モニカの遺体をオスティアから移したものである。礼拝堂内の彫刻はイザイア・ダ・ピーザによるもので、1455年に制作された。

モニカの墓についてはおもしろいエピソードがある。オスティア遺跡を訪れる時、オスティア線の駅から遺跡に向かう途中、右側に城が見える。ユリウス2世の城（15世紀末、ユリウス2世が枢機卿時代に築造）である。この城の裏側にオスティアの司教座聖堂サンタウレア教会がある。

1945年、サンタウレア教会近くの中庭で、ボール遊びをしていた少年たちが、地面の中から大理石のかけらを見つけた。学者たちが大理石片を調べてみると、驚くべきことが分かった。これまで歴史史料上伝えられてきた、アウグスティヌスの母のモニカの墓碑の碑文と文章がほぼ一致したのである。モニカの墓碑は、オスティアのサンタウレア教会の右側礼拝堂に今も置かれている。

なお、オスティア遺跡内には4世紀のキリスト教会跡もある。遺跡を

ラファエロ「預言者イザヤ」、アンドレア・サンソヴィーノ「聖アンナと聖母子」

カラヴァッジョ「巡礼の聖母」

聖モニカの墓

第5章　パンテオン、ナヴォーナ広場周辺の教会

訪れる機会があったら探してみてほしい。フォーロ（公共広場）より西側、大デクマヌス通りがフォーチェ通りと別れるＹ字路を左側（通りの名は大デクマヌスのまま）に取る。教会は分かれ道の少し先の右側にある。この教会がどの聖人にささげられていたかは分かっていない。

　同遺跡には異教神殿のほか、ユダヤ会堂（シナゴーグ）やいくつものミトラ神殿など、宗教遺跡も多い。海港都市が国際色豊かなのは、今も昔も変わらない。

6. サン・ルイージ・デイ・フランチェージ
San Luigi dei Francesi

————————————————*Piazza San Luigi dei Francesi, 5*

パンテオンから西側に行くか、ナヴォーナ広場から東に行くと、サン・ルイージ・デイ・フランチェージに着く。この教会は13世紀のフランス王の聖ルイ9世にささげられている。このことからも分かるように、フランス人の教会である。

聖王ルイは末期の十字軍に関わっている。第七回十字軍（1248–54年）でルイ9世は、聖都エルサレムではなくイスラームの本拠エジプトを攻めるが、逆にルイは捕虜となり、身代金を払って解放される羽目になった。第

サン・ルイージ・デイ・フランチェージのファサード

八回十字軍（1270年）ではチュニジアを攻めるが、聖王はチュニスで陣没し、失敗に終わった。

教会の建設自体は16世紀初めに始まった。その後、ジャコモ・デッラ・ポルタの設計でドメニコ・フォンターナが建設を進め、16世紀末に完成した。バロック様式の教会である。

ファサードにはいくつか彫像が置かれている。18世紀半ばにフランス人彫刻家ピエール・レスターシュが制作した。いずれもフランクやフランスの王族で、下にある彫像はカール大帝と聖王ルイ、上の彫像は聖クロティルドと聖ジャンヌ・ドゥ・ヴァロワである。

聖クロティルドはフランク王クロヴィス1世の妃で、熱心なキリスト教信者であった。クロヴィスは妃の勧めもあり、カトリックに改宗し、ランスで聖レミギウスから洗礼を受けた。これによってフランク王国のカト

第5章　パンテオン、ナヴォーナ広場周辺の教会

　リック化が始まった。一方ジャンヌ・ドゥ・ヴァロワはフランス王ルイ11世の娘で、15世紀後半から16世紀初めの聖人である。受胎告知修道会の創立者となった。

　教会の中に入ろう。豪華な内装は18世紀半ば頃に行われたものである。教会は、カラヴァッジョの3つの作品によって、さらに豊かなものになっている。

カラヴァッジョ「マタイと天使」

　カラヴァッジョの傑作は左第5礼拝堂にある。1599-1602年の作品である。奥が「マタイと天使」、右側が「マタイの殉教」、左側が「マタイの召命」である。特に「マタイの召命」は、カラヴァッジョの生きた時代の風俗画のようにもなっている。

　マタイはマタイによる福音書の著者で、もともと徴税請負人だった。徴

広域地図は、333ページ　　　　　　　　　　　50m

200

6. サン・ルイージ・デイ・フランチェージ

　　カラヴァッジョ「マタイの殉教」　　　　　　カラヴァッジョ「マタイの召命」

税請負人とは、当局のために税を集める人間のことだが、多額の手数料を取っていた。人々からは忌み嫌われ、ユダヤ世界ではほぼ罪人のような扱いを受けていた。マタイはイエスに呼ばれ（「召命」）、十二使徒の1人となった。エティオピアで殉教したとされる。

201

第5章　パンテオン、ナヴォーナ広場周辺の教会

7. サンタ・マリア・デッラ・パーチェ
Santa Maria della Pace

―― Via della Pace, 5

サンタ・マリア・デッラ・パーチェはナヴォーナ広場の西、二本目の通りを北に行った突き当たりにある。「平和の聖母」という意味である。創建は12世紀と古いが、15世紀末に再建されたルネサンス教会である。その後に修復もなされている。ファサードは17世紀半ばの修復時に造りかえられたものである。

中に入ろう。主祭壇はカルロ・マデルノによるもので1611年。「平和の聖母」の絵（15世紀）がある。

サンタ・マリア・デッラ・パーチェのファサード

右第1礼拝堂はキジ礼拝堂である。ラファエロが設計した。礼拝堂入り口上部のアーチには「4名のシビュラ」（1514年）のフレスコ（左からクマエ、ペルシャ、フリギア、ティブルのシビュラ）もある。ラファエロの画風で言えば、ミケランジェロ風である。

ラファエロのフレスコのあるキジ礼拝堂

これまでもシビュラという名前が登場した。シビュラというのは、ギリシア・ローマ世界で、太陽神アポロンなどの神々の神託を伝える巫女・女預言者で、古代世界の各地に10のシビュラが知られている。異教の『シビュラの書』を模して、『シビュラの託宣』というユダヤ・

202

7. サンタ・マリア・デッラ・パーチェ

キリスト教の偽書が書かれた影響で、教会堂の装飾にシビュラが描かれることがある。

教会左手のブラマンテの回廊は、かつてこの教会に付属していた。1500－1504年に建築家ブラマンテが手がけた。現在は展覧会場となっている。

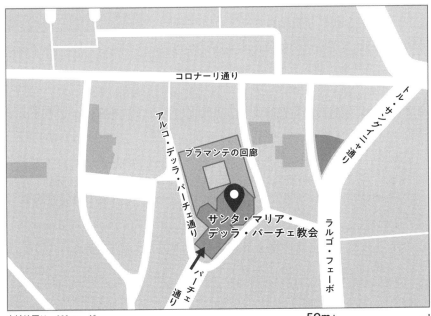

広域地図は、332ページ

第5章　パンテオン、ナヴォーナ広場周辺の教会

🏛 8. サンタンドレア・デッラ・ヴァッレ
Sant'Andrea della Valle

Piazza Sant'Andrea della Valle
Piazza Vidoni, 6

ラルゴ・アルジェンティーナの少し西、ヴィットリオ・エマヌエーレ2世通りとリナシメント通りがぶつかる交差点前に、サンタンドレア・デッラ・ヴァッレ教会はある。「ヴァッレ」というのは「谷」という意味で、かつてこの辺りは少し低くなっていたのだろう。

16世紀末に教会の建設は始まったが、完成したのは1650年の聖年になってからである。カルロ・マデルノも建築家として関わっている。バロック様式である。かつてはローマで二番目に高いクーポラ（カルロ・マデルノによる制作）を持っていたが、今では郊外の現代教会に高さを抜かれてしまった。一番目は今でもサン・ピエトロである。

サンタンドレア・デッラ・ヴァッレのファサード

ファサードは建築家のカルロ・ライナルディとカルロ・フォンターナが造った。ファサードが造られたのは、教会自体の完成よりも遅れて1656－65年であった。ファサードの彫像のうち、入り口の真上、ペレッティ家の紋章の左右にある彫刻はジャコモ・アントニオ・ファンチェッリによる「希望」と「賢慮」の擬人化である。聖人たちの彫刻はエルコレ・フェッラータとドメニコ・グイディが制作した。ファサード上部左側の天使はフェッラータの作品である。右側に天使像は置かれておらず、その点でアシンメトリーとなっている。

8. サンタンドレア・デッラ・ヴァッレ

中に入ると、後陣のフレスコが目に入る。16世紀前半の作品で、ドメニキーノによる「聖アンデレの生涯」とマティア・プレーティの「聖アンデレの召命、殉教、埋葬」である。

聖アンデレはペトロの兄弟で、ペトロと一緒にイエスの弟子となった。ギリシアのアカイア地方で殉教したとされる。アンデレの遺体は南イタリアのアマルフィ人が第四回十字軍（1204年、ビザンツ帝国の内紛に乗じコンスタンティノープルを占拠、ラテン帝国を建てた）の際にアマルフィに運び、今でもアマルフィ大聖堂に安置されている。頭部だけはギリシアに残されていた。

1453年のビザンツ帝国の滅亡後、皇族の一人が1461年にアンデレの頭部をもたらした。翌年に移葬（聖人の遺体を移すこと）の祝日が祝われた。その後アンデレの頭部はサン・ピエトロに安置されていたが、パウロ6世が1964年、ギリシアのパトラスの教会に返還した。

教会の中ほど、左右とも上の方に教皇の墓がある。左が15世紀半ばの

広域地図は、333ページ

第5章　パンテオン、ナヴォーナ広場周辺の教会

ピウス2世の墓

ピウス3世の墓

人文主義者教皇ピウス2世で、右はその甥のピウス3世（1503年に教皇に選ばれたがすぐに亡くなった）である。二人ともサン・ピエトロに埋葬されていたのだが、17世紀初めにこの教会に移された。とはいっても、教会の床下に埋葬されたため、墓はいずれも空である。

この場所にはピウス2世が教皇に選ばれる前に住んでいたピッコローミニ宮殿があった。ピッコローミニ家の子孫が教会に宮殿を寄付したのが、教会の起源でもある。

1462年の聖アンデレの移葬祝祭を主催したのがこのピウス2世である。後のピウス3世も枢機卿として参加していた。

ピウス2世の墓はパオロ・タッコーネとアンドレア・デル・ブレーニョが15世紀後半に制作した。PIVS PP. II（ちなみに「PP」とは「Papa」すなわち教皇ではなく、「Pater Patrum」、「父たちの父」という意味である）と書かれた部分の下が、ちょうどアンデレの祝祭を描いている。右側でアンデレの頭部を抱えているのがピウス2世、左側にいるのはギリシア人枢機卿ヨアンネス・ベッサリオンである。

左側のピウス3世の墓の制作者はシルヴェストロ・デッラクィラとされるが、確かではない。1503年に制作された。ちなみに、サン・ピエトロのグロッテにピウス3世の石棺が2つある。いずれも利用されなかった。

トスカーナ地方の古都シエナの大聖堂のピッコローミニ図書室には、ピントゥリッキオの大傑作「ピウス2世の生涯」がある。バーゼル公会議秘書、対立教皇フェリクス5世秘書、神聖ローマ皇帝フリードリヒ3世秘書、エウゲニウス4世以降の諸教皇の秘書を務め、ヨーロッパ世界を縦横

に駆け巡ったピウス2世の数奇な生涯が描かれる。詩人として桂冠を受け、シエナの聖カタリナを列聖し、十字軍を主催しようと（ピウス2世の治世はコンスタンティノープル陥落の5年後に始まった）アドリア海側の港町アンコーナで出港直前にマラリアにかかり亡くなったこの教皇の生涯の重大な局面が10面のフレスコに描かれている。

　このフレスコは、15世紀末に、枢機卿時代のピウス3世が命じて制作された。ピウス3世ご自慢の三美神の古代ローマ彫刻もあるので、シエナを訪れる機会があったらぜひご覧になってほしい。

　なお、この教会はオペラの重要な舞台ともなっている。プッチーニのオペラ「トスカ」は、この教会のシーンから始まる。1800年のローマ。脱獄した共和主義者アンジェロッティは、妹の嫁ぎ先の礼拝堂があるこの教会に逃げ込む。この時、画家カヴァラドッシは、教会の注文で絵を描いていた。画家は旧知のアンジェロッティに気づき、逃亡を助ける。画家の恋人で、嫉妬深い歌姫トスカは浮気を疑い、カヴァラドッシの隠れ家に向かう。そこで警視総監スカルピアの手下に尾行され、恋人は逮捕されてしまった。第二幕の舞台はファルネーゼ宮殿、第三幕はカステル・サンタンジェロである。

第5章　パンテオン、ナヴォーナ広場周辺の教会

9. サン・ロレンツォ・イン・ダマソ
San Lorenzo in Damaso

―――― *Piazza della Cancelleria, 1*
Corso Vittorio Emanuele II, 178

サンタンドレア・デッラ・ヴァッレからヴィットリオ・エマヌエーレ2世通りを行くと、左手に大きな宮殿が見えてくる。これは15世紀後半に建設されたカンチェレリア宮殿で、教皇庁裁判所などが置かれている。ラテラノ条約により、この宮殿もヴァティカン市国領である。

サン・ロレンツォ・イン・ダマソ教会はカンチェレリア宮殿内にある。

サン・ロレンツォ・イン・ダマソはこの宮殿に組み入れられている。名前から分かるように4世紀末のダマスス1世教皇によって創建され、助祭殉教者聖ラウレンティウスにささげられている。

「グロッタピンタの聖母」

15世紀末に建築家ドナート・ブラマンテ(サン・ピエトロのクーポラにも関わった)によって再建され、17世紀前半にジャン・ロレンツォ・ベルニーニによって改修されているので、ルネサンス様式とバロック様式が混在している。

内部は薄暗い。左側廊の無原罪の御宿り礼拝堂には、12世紀前半の聖母子の絵「グロッタピンタの聖母」がある。このフレスコ画は、もとはカンポ・デイ・フィオーリ広場の

東側（サンタンドレア・デッラ・ヴァッレの右側の裏でもある）、ポンペイウス劇場跡そばにあった教会にあったのだが、この教会に移されたものである。

ポンペイウス劇場は、基礎をそのまま利用して後世の建築が建てられているので、今でも劇場の大きさが容易に想像できる。ちなみに「グロッタピンタ」とは「グロッタ・ディピンタ（絵の描かれた洞窟）」という意味で、フレスコの描かれていたポンペイウス劇場の通路から来ているものらしい。

ポンペイウス劇場は前44年にカエサルの暗殺された日の元老院会議場だった。フォーロ・ロマーノのクリア（元老院議員会場）は火災で損傷し、まだ修復中であった。そのため、元老院はあちこちで開催されていた。ポンペイウス劇場でとはいっても、当時の劇場は大きな列柱廊を備え、ラルゴ・アルジェンティーナの聖域まで広がっていた。そのときの議場は劇場そのものではなく、現在のラルゴ・アルジェンティーナ付近の道路の下あたりにあった、劇場付属の建物であった。

広域地図は、332ページ

第5章　パンテオン、ナヴォーナ広場周辺の教会

　カンチェレリア宮殿そばにはカンポ・デイ・フィオーリ広場がある。名前からして、かつては花の咲き乱れる野だったのだろう。広場の中心には哲学者ジョルダーノ・ブルーノの像がある。この元ドミニコ会士は異端の嫌疑をかけられヴェネツィアの異端審問所に逮捕され、その後ローマに移され、1600年、異端者としてこの広場で火刑に処された。

　広場の彫像は19世紀末、つまりイタリア王国になってから、イギリスのフリーメーソンによってつくられた。反教皇権、反教会の象徴でもあり、一度はテヴェレ川に投げ捨てられたこともある。

10. キエーザ・ヌオーヴァ *Chiesa Nuova*

——————————Via del Governo Vecchio, 134
Piazza Chiesa Nuova

キエーザ・ヌオーヴァ、またの名をサンタ・マリア・イン・ヴァリチェッラは、サンタンドレア・デッラ・ヴァッレやカンチェレリア宮殿からヴィットリオ・エマヌエーレ2世通りをさらに西に行った場所にある。もう少し西に行けばテヴェレ川やカステル・サンタンジェロに着く。教会前には広場がある。

創建は6世紀末のグレゴリウス1世時代頃らしい。現在の名称になったのは12世紀である。現在の教会は16世紀後半から17世紀末に建設されたバロック教会である。

キエーザ・ヌオーヴァのファサード

内部は17世紀後半のピエトロ・ダ・コルトーナによるフレスコで装飾されている。後陣のフレスコ「聖母被昇天」も同じ画家によるものである。

「ヴァリチェッラの聖母」とリュベンスによる「聖人たち」

主祭壇には「ヴァリチェッラの聖母」の絵がある。とはいっても、中世のもともとの絵は別の場所に移され、より新しい絵が置かれている。

重要なのはその周辺に描かれる絵である。これは17世紀のフランドル地方（ベルギー北部）出身の画家、ペーテル・パウル・リュベンスによる絵である。リュベンスの作品はヨーロッパの主要美術館にあるが、フランドルのアントウェルペン大聖堂の「キリスト昇

211

第5章　パンテオン、ナヴォーナ広場周辺の教会

架」「キリスト降架」（イギリスの女流作家ウィーダ作の小説『フランダースの犬』で、ネロ少年が見たがった作品）やルーヴル美術館にある一大連作「マリア・デ・メディチ（マリ・ドゥ・メディシス）の生涯」などが代表作である。東京の国立西洋美術館にも「眠る2人の子ども」「豊穣」がある。

キエーザ・ヌオーヴァのリュベンスの作品は「聖人たち」である。右側に描かれるのは聖ドミティッラ、聖ネレウス、聖アキレウスで、左側に描かれるのは大教皇聖グレゴリウス1世、聖マウルス、聖パピアスである。

ドミティッラ、ネレウス、アキレウスはドミティッラのカタコンベのところで出てきた。ドミティッラが皇帝ドミティアヌスの姪でキリスト教信者だったとされる伝説的人物で、ネレウスとアキレウスはディオクレティアヌス時代の殉教者である。

聖グレゴリウスはいわずと知れた590－604年に教皇を務めた大教皇である。マウルスとパピアスは、ディオクレティアヌス帝時代にローマ北郊外のノメンターナ街道沿いで処刑された軍人殉教者である。

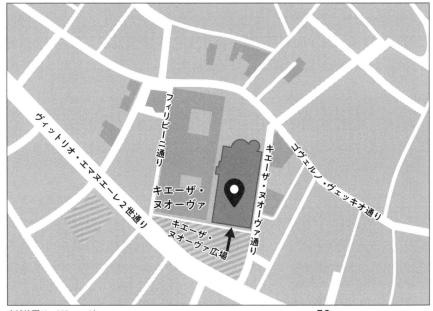

広域地図は、332ページ

212

10. キエーザ・ヌオーヴァ

主祭壇の左側に聖フィリッポ・ネリの礼拝堂がある。オラトリオ会の創立者である聖人の遺体が安置されている。七巡礼教会の巡礼を広めたのも、この聖人であった。

開いていれば、聖フィリッポ・ネリの部屋を訪れることもできる。

聖フィリッポ・ネリ礼拝堂

第 6 章
エスクィリーノの丘周辺

第6章　エスクィリーノの丘周辺

1. サンタ・プラッセーデ　Santa Prassede

——— Via Santa Prassede, 9/A

サンタ・プラッセーデの右側面ファサード

　サンタ・プラッセーデはサンタ・マリア・マッジョーレに非常に近い場所にある。サンタ・マリア・マッジョーレ前の広場から右側に道路を渡って、一本裏の路地に入ればすぐに着く。

　伝承によれば、聖プラクセデスと聖プデンティアナの姉妹は元老院議員プデンスの娘たちであった。このプデンスは、ペトロを客人として迎えたのだという。姉妹は2世紀半ば頃殉教したとされるが、父親がペトロの時代だったとすると、若干時代が合わない気もする。この姉妹のうち、プラクセデスにささげられているのがこの教会である。

　教会は5世紀末にはすでに存在していた。もともとはプラクセデスの名義教会であった。9世紀前半に、教皇パスカリス1世が教会を再建し、二千名ほどの殉教者の遺体をカタコンベからこの教会に移した。その後も手が加わっているが、パスカリス1世の9世紀教会を基本形としている。

　教会へは右側廊側から入る。ファサード側にはサン・クレメンテと似たタイプの前門（11世紀）もあるが、通常こちら側は閉まっている。レンガでできたファサードや、初期キリスト教時代の円柱などが置かれる前庭も閉まっていることが多いが、たまに教会の正面側の扉が開いていて、入れることもある。

　まずは右第3礼拝堂、サン・ゼノーネ礼拝堂から紹介しよう。ここがこの教会の最大の目玉であり、しかもローマ・ビザンツ様式の礼拝堂の傑作だからである。

1. サンタ・プラッセーデ

この礼拝堂は、教皇パスカリス１世が母テオドラの墓として建てたものである。完成したのはパスカリス１世の死後だが、テオドラはまだ存命だった。

入り口のモザイク内側には金地で蹄鉄の形に、外側には青地で半円形に、聖人たちの肖像が並んでいる。

サン・ゼノーネ礼拝堂入り口

内側では聖母子が中心にあり、それを聖ノヴァトゥスと聖ティモテウス、そして聖プラクセデスと聖プデンティアナが囲み、他に両側に３人ずつ女性聖人たちが描かれている。外側の半円に描かれるのはキリストと使徒たちである。さらに外側に左右両端に２人の聖人が描かれているが、誰かはよく分かっていない。モーセと預言者エリヤの可能性がある。下にパスカリス１世ともう一人の教皇（パスカリス１世の次のエウゲニウス２世？）が描か

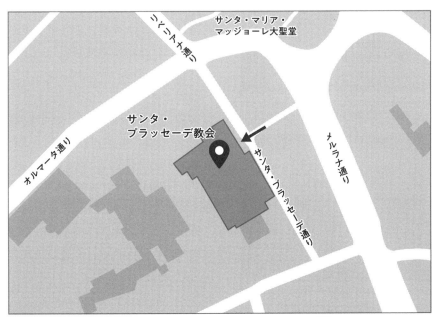

広域地図は、335 ページ 50m

第6章　エスクィリーノの丘周辺

れているが、この部分は19世紀に付け加えられた。

　礼拝堂の内部もモザイクで装飾されていて、ほとんどがパスカリス1世時代のものである。まず、上を見上げると、天井にキリストと4人の天使が描かれている。

　礼拝堂奥の壁龕(へきがん)に聖母子とプラクセデス、プデンティアナが描かれているが、これはより新しく、13世紀のものである。壁龕のため見づらいが、13世紀の聖母子モザイクの上には主の変容が描かれている。奥側面の上部に描かれているのは聖母と洗礼者聖ヨハネである。

　右側面上部のモザイクは福音記者聖ヨハネ、使徒聖アンデレと聖大ヤコブの3人である。その下には、中央にキリスト、それを囲むように教皇パスカリス1世、聖ヴァレンティニアヌスが描かれる。パスカリス1世には金の光輪が描かれている。当時列聖されていたかどうかは別として（しっかり制度化されるのはより後代になってからなので）、このモザイク完成時には聖パスカリス1世がすでに故人であったことが分かる。

　左側面上部のモザイクは聖アグネスとプラクセデス、プデンティアナである。その下に神の子羊と詩編42の水を求める鹿が描かれ、パスカリスの母テオドラ（四角い青地の光輪でまだ存命だったことが分かる）、聖母とプラクセデス、プデンティアナが描かれる。テオドラのところに書かれている名前は「THEODORA EPISCOPA」である。ずいぶんと気前のいい称号を与えたものだが、「女司教」と文字どおりにとっては

サン・ゼノーネ礼拝堂、「聖アグネスと聖プラクセデス、聖プデンティアナ」

サン・ゼノーネ礼拝堂、「パスカリスの母テオドラ、聖母と聖プラクセデス、聖プデンティアナ」

いけない。教皇の近親者にこのような名前がつくのは、シエナのパペッサ館（「女教皇館」）、すなわち教皇ピウス2世の妹の例がある。テオドラのモザイクの右側に描かれるのは、キリストによって解放される人類の始祖アダムとエバである。

手前側面の上部にはペトロとパウロが描かれる。他の側面もそうだ

サン・ゼノーネ礼拝堂、「使徒聖ペトロと聖パウロ」

が、聖人たちの足元には、サンタ・チェチリアの後陣モザイクと同じような、赤いデージーのような花が咲いていてかわいい。

サン・ゼノーネ礼拝堂の右手にピラトの命令でイエスが鞭打たれた時（マタイによる福音書27・26、マルコによる福音書15・15、ルカによる福音書23・14－16および23・22と23・24、ヨハネによる福音書19・1）に縛り付けられたとされる円柱がある。1223年にエルサレムからもたらされたというが、鞭打ちの円柱はエルサレムの聖墳墓教会内にもある。

教会の後陣モザイクもパスカリス1世時代のものである。父なる神の手の下、中央でキリストが祝福している。右側には聖ペトロ、聖プデンティアナ、聖ゼノがおり、左側には聖パウロ、聖プラクセデス、パスカリス1世（まだ存命で、サンタ・プラッセーデ教会の模型を手にしている）がいる。その下には神の子羊と12の子羊、エルサレムとベツレヘムが描かれている。

後陣アーチには、中心に神の子羊がいて、両脇に大天使が2人ずつ囲んでいる。その両側には四福音書のシンボルが描かれている。これらの下には24人の長老たち（ヨハネの黙示録4章）が描かれる。後陣アーチ下にはパスカリス1世のモノグラムがある。

後陣モザイク

勝利門のモザイクもパスカリス１世時代で、黙示録の世界を描いている。天上のエルサレムにキリスト、天使、聖母マリア、洗礼者聖ヨハネ、聖プラクセデス、使徒たち、預言者モーセ、預言者エリヤなどが描かれている。アーチの下にパスカリス１世のモノグラムがあるが、修復されたもので、モザイクではなく描かれているものである。

　主祭壇下にはクリプタがある。中には聖プラクセデスや聖プデンティアナの墓がある。

　教会内には、ベルニーニ最初期の作品もある。右第３柱にあるジョヴァンニ・バッティスタ・サントーニ司教（1592年没）の墓である。

　右奥（教会入り口すぐ右側）の磔刑礼拝堂内には初期の教会および中世教会の大理石浮き彫りが置かれている。同礼拝堂内のパンタレオン・アンシエ・ドゥ・トロワ枢機卿（1286年没）の墓は、アルノルフォ・ディ・カンビオによるとされている。

2. サンタ・プデンツィアーナ
Santa Pudenziana

―――――――――――――――――― *Via Urbana, 158*

サンタ・マリア・マッジョーレの後ろ側(オベリスク側)で、カヴール通りを渡って次に左側にある通り(カヴール通りとは並行)がウルバーナ通りである。ウルバーナ通りに入ってすぐのところにサンタ・プデンツィアーナがある。古代と現代では、ローマ市内で平均8メートルほど地表面の高さが違うが、サンタ・プデンツィアーナは常に教会として使われ続けてきて、元の地表面を保ったため、かなり低い位置にある。

サンタ・プデンツィアーナの外観

教会の創建は2世紀半ば頃、教皇ピウス1世時代とされる。教皇ピウス1世と言えば、使徒教父の一人であるヘルマスの牧者の兄弟とされる人物である。この創建伝承の真否はともかく、プデンスの名義教会は、4世紀末に教会堂に建て直された。5世紀初め、11世紀後半の教皇グレゴリウス7世、16世紀末と再建や修復が繰り返されているので難しいが、強いて言えば16世紀の後期ルネサンス建築と言える。

鐘塔は13世紀初めのロマネスクの塔が残っている。ファサードは19世紀後半に造り替えられたものだが、16世紀の扉口が残されている。円柱に支えられる上の場所、すなわちフリーズと呼ばれる梁(はり)の部分はグレゴ

扉 口

221

第6章　エスクィリーノの丘周辺

リウス7世時代のものが使われている。

　グレゴリウス7世は、クリュニー修道会（910年頃フランスでおこった改革ベネディクト修道院）出身の人物で、グレゴリウス改革と呼ばれる一連の教会改革の功労者である。カノッサ事件（「カノッサの屈辱」）でも知られている。聖職叙任権（司教などの任命権）をめぐってグレゴリウス7世と神聖ローマ皇帝ハインリヒ4世が対立し、破門などの脅しにより皇帝側が屈服した事件である。1077年1月の雪の中、北イタリアのエミリア地方にあるカノッサ城の外で、皇帝は三日間裸足(はだし)で立ち尽くしてグレゴリウスに許しを請うた。カノッサ城主のトスカーナ女伯マティルデのとりなしもあり、グレゴリウスはハインリヒ4世の破門を解いた。なお、このマティルデはサン・ピエトロに埋葬されている。

　教会の内部は薄暗い。もともとは三つの身廊を備えていたが、16世紀の再建時に単身廊に改造された。

　後陣モザイクは5世紀初頭のものである。十字架の下で、キリストが王

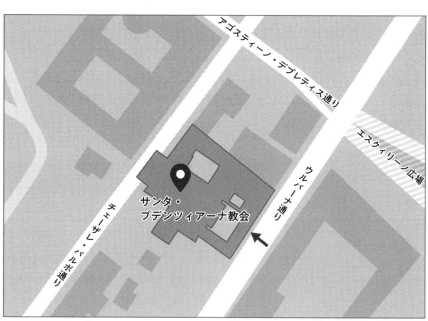

広域地図は、335ページ

座に座っている。使徒たち、聖プデンティアナと聖プラクセデスが周囲を囲んでいる。背景に見える町は聖都エルサレムである。その上には、四福音書のシンボルが描かれている。ローマの教会では現存する最古の後陣モザイクである。

教会の側廊の床には白黒のモザイクが残っている。これは古代末期のモザイクである。

後陣モザイク

第6章　エスクィリーノの丘周辺

3. サン・ピエトロ・イン・ヴィンコリ
San Pietro in Vincoli

————————Piazza di San Pietro in Vincoli

ローマでペトロの牢獄と言ったら、カンピドーリオの真下、フォーロ・ロマーノのセプティミウス・セウェルス帝の凱旋門近くにあるマメルティーノの牢獄であろう。伝承によれば聖ペトロはこの牢獄に囚われ、石頭の（ペトロは「石」を意味する）ペトロが頭でへこませたとされる岩の凹みとされるものもある。福音書には別の牢獄も登場する。

サン・ピエトロ・イン・ヴィンコリのファサード

当時ペトロはまだユダヤ地方にいた。ゼベダイの子使徒大ヤコブは、ユダヤの王ヘロデ・アグリッパに剣で殺された。ユダヤ人たちが喜ぶのを見て、ヘロデ・アグリッパ王はペトロのことも逮捕した。しかし、ペトロの殉教の時はまだ来ていなかった。牢に入れられているペトロのもとに夜中天使が現れ、ペトロを解放したというのである（使徒言行録12・1-19）。教会は、その時の鎖を記念している。

なお、大ヤコブは「イエスの愛弟子」福音記者聖ヨハネの兄弟で、スペインの宣教者とされる。ヤコブの殉教後に遺体を舟に乗せると、舟はひとりでに動き出し、スペインのガリシア地方まで流されていったという。ヤコブの墓を祀ったのが、巡礼

「ペトロの鎖」

3. サン・ピエトロ・イン・ヴィンコリ

地として有名なサンティアゴ・デ・コンポステーラである。「大」がつくのは、アルファイの子ヤコブ（小ヤコブ）と区別するためである。

サンティ・アポストリ教会に遺骨のある小ヤコブの方は、「イエスの兄弟」（マタイによる福音書13・55、マルコによる福音書6・3）とされる。「兄弟」とは、この場合いとこを意味している可能性が高い。いとこを兄弟と呼ぶ用例は旧約聖書に何度か登場する。中世の聖人伝集成、ヤコブス・デ・ヴォラギネの『黄金伝説』では、イエスに顔がよく似ていたからだという解釈もなされている。

サン・ピエトロ・イン・ヴィンコリ教会は、エスクィリーノの丘の、オッピウスの丘と呼ばれる部分にある。地下鉄のカヴール駅からフォーリ・インペリアーリ通り方面に少し歩き、大きな通り（アンニバルディ通り）にぶつかる手前の左側にある階段を上ると着く。この階段はボルジャの階段と呼ばれている。15世紀末の教皇アレクサンデル6世ボルジャの愛人の家が階段のアーチの上にあったという伝説からである。

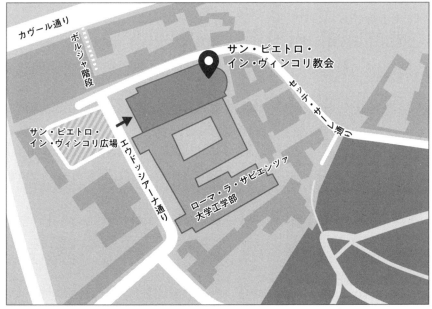

広域地図は、334ページ　　　　　　　　　50m

第6章　エスクィリーノの丘周辺

　この教会も名義教会で、3世紀にこの場所に家があったが、教会堂として建てられたのは4世紀になってからである。5世紀前半、西ローマ皇帝ウァレンティニアヌス3世の妻である小エウドクシア（エウドクシア・リキニア）によって再建された。15世紀後半にフランチェスコ・デッラ・ローヴェレ枢機卿（後のシクストゥス4世）やジュリアーノ・デッラ・ローヴェレ枢機卿（後のユリウス2世）らが改築を行っている。内部は18世紀初頭に改装されているので、外観はポルティコを含めてルネサンス様式、内装はバロック様式をしている。

　名前の由来となっている鎖は、主祭壇の下のコンフェッシオに置かれている。伝承によれば、エウドクシア・リキニアによって贈られたヘロデ・アグリッパによる逮捕の時の鎖と、ローマでペトロが捕らえられていたときの鎖を、大教皇レオ1世が近づけてみた時に、一つになって二度と離すことができなくなったとされている。

　主祭壇右にはミケランジェロの傑作がある。ヴァティカンのシスティーナ礼拝堂の注文主でもある教皇ユリウス2世が、自分の墓として巨匠に造らせたものである。

　中心にあるのはシナイ山から下りてきた「モーセ」(1514–16年頃)である（出エジプト記34・29–30、34・35）。モーセの頭に角があるのが奇怪だが、これは「光、輝き」を意味するヘブライ語の誤訳に基づく。聖ヒエロニムスによる4世紀のヴルガタ訳聖書は、16世紀の人文主義者（ロッテルダムのエラスムスなど）に誤訳が多いとして批判されたが、これもその一つである。

　モーセの両脇にあるのは「レア」と「ラケル」で、ミケランジェロの作品だが、弟子が完成させたものである。創世記29章以下に登場するラバンの娘レアとラケルは姉妹で、イスラエル（「神と闘って勝った人」、天使と相撲

ミケランジェロ制作のユリウス2世の墓

3. サン・ピエトロ・イン・ヴィンコリ

をして勝ったため、創世記32・25-31）と呼ばれたヤコブの妻であった。このヤコブは、太祖アブラハムの孫で、イサクの子である。このレアとラケルは活動的な生と、観想的な生を意味している。

上の部分は微妙にミケランジェロの制作部分とは異なっている。弟子たちが完成させたもので、中央に「横たわるユリウス2世」、その上に「聖母子」、右に「預言者」、左に「シビュラ」の像が置かれている。

聖セバスティアヌスのモザイク

教会左側廊中ほどに聖セバスティアヌスのモザイクがある。680年頃のビザンツ風モザイクで、実に貴重なものである。

左側廊入り口側にあるのは、ドイツ出身の哲学者ニコラウス・クザーヌス枢機卿の墓である。クザーヌスは『学識ある無知について』『神を観ることについて』『信仰の平和』などの著作で知られる、15世紀を代表する思想家である。イスラームの経典であるコーラン（クルアーン）の研究も行い、両者の対話を模索した哲学者の態度には学ぶところが多い。単なる思索の哲学者ではなく、教会改革を行ない、自分が司教を務める地域の領主と対立して逮捕されたこともある（領主が改革を快く思わなかったため）、活動的な教会政治家でもあった。

モニュメントは彫刻家アンドレア・ブレターニャの作とされる。中央にペトロがいて、鍵を手にしている。鎖につながれたペトロを、右側にいる天使が解放している。左に枢機卿の正装で、クザーヌスが敬虔にひざまずいて祈っている。モニュメントの下にあるのはクザーヌス家の紋章で、ザリガニである。

モニュメントの隣には、司教の姿

ニコラウス・クザーヌスの墓

227

をしたクザーヌスの墓碑がある。クザーヌスがここに埋葬されているのは、彼がサン・ピエトロ・イン・ヴィンコリの司祭枢機卿であったからである。彼の遺体はここに埋葬されたが、心臓だけは故郷のモーゼル河畔にあるクースの町の、自身が創建した聖ニコラウス養老院の礼拝堂に埋葬されている。ちょうど、友人であった教皇ピウス2世が、遺体はローマに運ばれたのに対して、亡くなったアンコーナの地のサン・チリアコの丘の上に立つ大聖堂の後陣にその内臓が埋葬されたように。

4. サン・マルティーノ・アイ・モンティ
San Martino ai Monti

Via del Monte Oppio, 26

サン・マルティーノ・アイ・モンティの
ファサード

サン・ピエトロ・イン・ヴィンコリ教会の左側にある道をまっすぐ行くと、トラヤヌス帝の共同浴場に出る。この浴場は、ネロ帝の黄金宮殿の跡地に建てられたもので、宮殿をすっぽり覆う形で、ネロ帝の建築の記憶を抹殺している(「ダムナティオ・メモリアエ(記憶の断罪)」)。この共同浴場には向かわず、道なりにしばらく行くと、サン・マルティーノ・アイ・モンティに着く。

トラヤヌス浴場周辺の公園はいささか治安が良くない。むしろメルラーナ通り(サン・ジョヴァンニ・イン・ラテラノとサンタ・マリア・マッジョーレを結ぶ大通り)から、ブランカッチョ宮殿(かつて国立東洋博物館があった)のある角を曲がり、モンテ・オッピオ大通りを行く方がよいかもしれない。サンタ・プラッセーデからも近い(サンタ・プラッセーデの前門の前の通りはサン・マルティーノ・アイ・モンティ通りである)。

トゥールの聖マルティヌスは4世紀の聖人である。パンノニア(現ハンガリー)のサバリア出身の元軍人で、ガリア(現フランス)のアミアンに派遣された時、奇跡が起こる。アミアンで聖人は物乞いを見た。この物乞いはあまりの貧しさに着る服も無く、マルティヌスは同情を覚えた。自分のマントを剣で切り裂いて、半分をこの貧者に分け与えた。この貧者は、実はキリストであったとされる。

マルティヌスはキリスト教に改宗し、軍を除隊した。その後聖職の道に

第6章　エスクィリーノの丘周辺

入った。ポワティエ近くのリギュジェに修道院を創設（361年頃）し、修道士として生活していた。このリギュジェ修道院は何度も解散させられながら、現在もベネディクト会大修道院として生き残っている。聖ベネディクトゥスより古い、現存する西欧最古の修道院である。

　その徳を買われて、マルティヌスはトゥールの司教に選ばれた。清廉で、弱者に対する愛に満ち、しかも教会政治家としても有能であったマルティヌスの名声は、その奇跡によって死後ますます高まった。聖人の遺体を安置したトゥールの聖マルティヌス教会は、ガリア一の大聖地になった。こうして、ローマにもこの聖人にささげられた教会ができた。

　サン・マルティーノ・アイ・モンティは、もともとはエクィティウスの名義教会で、4世紀前半にエクィティウスという司祭が創建した。創建は教皇シルヴェステル1世の時代で、シルヴェステルの名義教会ともいわれる。5世紀初め頃に教会堂が建てられた時に、トゥールの聖マルティヌスにささげられるようになった（故に教会名はサンティ・シルヴェストロ・エ・マ

広域地図は、335ページ　　　　　　　　　　　　50m

4. サン・マルティーノ・アイ・モンティ

ルティーノとも言う)。アイ・モンティというのは、モンティ地区にあることから来ている。

何度も再建されているが、基本形は12世紀末、インノケンティウス3世時代のものである。これに17世紀のバロックの要素が加えられている。ファサードも17世紀半ばである。

教会の外、右側面には大きな切り石の基礎がある。これは、付近を通っていたセルウィ

地下遺構

ウスの市壁の切り石を再利用したものである。教会周辺には13世紀の塔が多いが、教会の真後ろにも一本ある。

内部は薄暗い。ロマネスク様式が基本といっても、バロック的装飾がなされている。主祭壇の裏に17世紀半ばのクリプタがある。

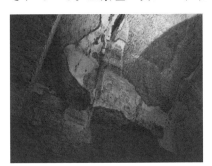

地下遺構に残るフレスコ

いつも開いているわけではないが、運がよければ地下遺構に行くこともできる。クリプタの左側から入る。地下遺構は3世紀のエクィティウスの名義教会遺構で、意外に中は広い。ところどころ白黒モザイク床が残っているほか、うっすらと9世紀のフレスコ跡も残っている。

231

第6章　エスクィリーノの丘周辺

🏠 5. マドンナ・デイ・モンティ
Madonna dei Monti

———————————*Via di Madonna dei Monti, 41*

　地下鉄のカヴール駅からフォーリ・インペリアーリ方面に向かい、セルペンティ通りへ右折すると、すぐにこの教会は現れる。モンティ地区を代表する教会である。

　教会は16世紀後半にジャコモ・デッラ・ポルタの設計で建てられた。ファサードなどは後期ルネサンス様式をしているが、内装はバロック様式である。

　あまり知名度のないこの教会を紹介しようと思ったのは、シエナ派の絵があるからである。シエナ派とは、トスカーナ地方のシエナ

マドンナ・デイ・モンティのファサード

を中心に14-16世紀に流行した絵画の流派である。時期的にはゴティック期（特に後期の国際ゴティック様式）に属し、思弁的、神秘主義的な画風を特徴とする。特に聖母を描いた絵画は、優雅で、崇高で、美しい。

　シエナ派の代表的な画家と言えば、ウフィッツィの「ルチェライの聖母」などの作のあるシエナ派の祖ドゥッチョ、晩年は教皇庁のあるアヴィニョンで活躍したシモーネ・マルティーニ（ウフィッツィにある「受胎告知」やアヴィニョンの教皇宮殿装飾）、そしてシエナの市庁舎の「善政の結果」「悪政の結果」を描いたロレンツェッティ兄弟などがいる。フィレンツェ画派に比べると華やかさには欠けるが、落ち着いた美しさがある。

　マドンナ・デイ・モンティの主祭壇には15世紀初頭シエナ画派の「聖母子と聖ステファヌス、聖ラウレンティウス」の絵がある。両側、足元にひざまずいているのは寄進者である。

5. マドンナ・デイ・モンティ

シエナに行けば国立絵画館にも、市立博物館にも多くのすばらしい作品がある。フィレンツェのウフィッツィ美術館にもすぐれた作品があるし、ローマのヴァティカン博物館の絵画館にも、アヴィニョンのプティ・パレ美術館にも結構作品がある。華やかなフィレンツェ絵画ばかりではなく、時にはシエナ派の絵画にも目を留めてはいかがだろうか。

シエナ派の聖母子

広域地図は、334ページ　　50m

第 7 章

真実の口広場、アヴェンティーノの丘周辺の教会

第7章　真実の口広場、アヴェンティーノの丘周辺の教会

1. サンタ・マリア・イン・コズメディン
Santa Maria in Cosmedin

――――――― *Piazza Bocca della Verità, 18*

サンタ・マリア・イン・コズメディンのファサード

　ヴェネツィア広場からマルチェッロ劇場通りを南に行くと、フォーロ・ボアーリオという広場がある。チルコ・マッシモ（大競技場）にも近い。フォーロ・ボアーリオには古代のポルトゥヌス神殿（川の神にささげられた四角い神殿で前2－前1世紀）や勝利者ヘラクレスの神殿（ギリシア・ローマ神話の英雄ヘラクレスにささげられた丸い神殿、前2世紀末）がある。この広場の向かい側にサンタ・マリア・イン・コズメディンはある。

　名前の由来は、ギリシア語の「装飾（コスミディオン）」から来ている。3世紀に礼拝堂が創建され、これが6世紀に教会堂に再建された。その後助祭教会に選ばれている。この教会も1084年にロベール・ギスカールが破壊し、12世紀に再建された。基本はロマネスク教会だが、19世紀末にジョヴァンニ・バッティスタ・ジョヴェナーレという建築家が復元したものである。

　復元と述べた。ファサードはいかにも初期キリスト教時代風である。しかし、これはあくまで復元であり、特に教会前の前門の円柱は、古い円柱を用いて再構成したものである。

　教会の右手には7層のロマネスク鐘塔がある。12世紀の塔で、ロマネスク鐘塔としてはかなり高い。なぜか少しきゃしゃな感じもしてくる。

　教会入り口には有名な「真実の口」が置かれている。これは古代ローマの下水の蓋であったもので、17世紀にこの場所に置かれた。ちなみに、

236

1. サンタ・マリア・イン・コズメディン

　この教会からテヴェレ側に向かうと、川岸に大きなアーチがある。これはクロアカ・マッシマといい、古代の下水道の出口である。伝説では前6世紀の建設だが、石造となったのは前2世紀のことである。

　教会に入る前に、教会入り口右側にある昔の聖具室に行ってみよう。ここは現在土産物屋になっているが、壁に「主の御公現」(東方三博士の礼拝)のモザイクがある。8世紀初めの作品で、再建前のサン・ピエトロ教会にあった。

　教会の中に入ると薄暗い。床はコズマーティ装飾に似るが、より古い8世紀初頭のものである。壁には8世紀、9世紀、12世紀のフレスコ跡が残っている。

　主祭壇の天蓋は12世紀のもので、コズマ一族のデオダート・ディ・コズマの署名がある。説教壇

8世紀初めのモザイク「主の御公現」

広域地図は、336ページ　　　50m

第7章　真実の口広場、アヴェンティーノの丘周辺の教会

スコラ・カントールムと内陣、後陣

聖ヴァレンティヌスの遺骨

とイコノスタシス（聖障、内陣を区切る障壁）を備えるスコラ・カントールム（共唱席）は 13 世紀のものである。この教会は中世からギリシア教会だったので（現在もギリシア典礼のカトリック教会）、イコノスタシスがある。イコン（聖画）で飾られることが多いのでその名がついたが、この教会ではイコノスタシスにイコンは飾られておらず、そのまま内陣が見える。

後陣のフレスコは 11 世紀のものである。中央に聖母子が座している。右側に立つのは、中央から、本を手にした聖ディオニシオスと聖ニコラオスであり、教会の模型を手にした聖フェリクスとヒッポの司教聖アウグスティヌスである。左右の後陣にも中世風のフレスコが描かれているが、19 世紀のものである。

左第 2 礼拝堂にあるのは、聖ヴァレンティヌスの頭部である。聖ヴァレンティヌスはイタリア中部のウンブリア州テルニの司教で、3 世紀後半のアウレリアヌス帝の時代に、ローマの北郊外フラミニア街道沿いで殉教したとされる。遺体はテルニに運ばれ、テルニの郊外に埋葬された。いわゆるヴァレンタインデーの聖人である。

有料で、地下のクリプタにも行くことができる。8 世紀に建設されたものである。古い構造や円柱を見ることができるが、芸術作品などは特にない。

クリプタ

238

2. サン・ジョルジョ・イン・ヴェラーブロ
San Giorgio in Velabro

― Via del Velabro, 19

サンタ・マリア・イン・コズメディンから北側（ヴェネツィア広場側）に少し行くと、右手に四面門が見える。これはヤヌス門と呼ばれる4世紀の門である。このヤヌス門の後ろ側に教会はある。さらに少し行くと、そこはもうパラティーノの丘の崖下である。

ヴェラーブロ（「沼地」）という名前からも分かるように、かつてはこの周辺に湿地が広がっていたようだ。5-6世紀に助祭教会として創建された。例のロベール・ギスカールによって1084年に破壊され、その後再建さ

サン・ジョルジョ・イン・ヴェラーブロのファサード

れた。20世紀前半に建築家アントニオ・ムニョスによってロマネスク教会に復元されている。

教会は聖ゲオルギオスにささげられている。もともとは聖ステファヌスにささげられていたのだが、8世紀に聖ゲオルギオスの遺骨が移されてからは、この聖人にささげられるようになった。

イングランドの守護聖人（聖ジョージ）でもあるゲオルギオスは4世紀初めにパレスティナのリュッダ（現イスラエルのロド）で殉教した聖人である。中世では竜を殺す騎士の姿で描かれることが多い。

悪い竜を退治し、王女を救う姿が騎士の理想とうまくマッチしていたため、騎士道華やかなる時代は特に人気のある聖人であった。竜退治の物語は、ギリシア神話のペルセウスの物語によく似ている。ペルセウスは海の怪物を倒し、エティオピア王女アンドロメダを救った。

第7章　真実の口広場、アヴェンティーノの丘周辺の教会

　キリスト教の図像学でよく似ているのは大天使ミカエルである。ミカエルもまた、竜退治を行った。ミカエルの場合、背中に羽が生えているので、区別がつく。

銀細工職人のアーチ、「セプティミウス・セウェルスとユリア・ドムナ」

　教会前には13世紀のポルティコがある。左手にあるのは、11-12世紀のロマネスク鐘塔である。

　教会に入る前に、教会の左側にあるアーチを見てみよう。これは銀細工職人のアーチと呼ばれるもので、204年に銀細工職人たちが奉納したものである。

　右側の浮き彫りでは、皇帝セプティミウス・セウェルスと妻ユリア・ドムナが犠牲をささげている。ユリア・ドムナの右側には不自然な空間があり、またその手の向きもなん

広域地図は、336ページ

240

2. サン・ジョルジョ・イン・ヴェラーブロ

だか不自然である。実はここに、2人の息子カラカラとゲタが彫られていた。

左側の浮き彫りには1人だけ、カラカラが描かれている。左にはさらに不自然な空間がある。ここにもゲタが彫られていた。

カラカラ帝は共治帝の弟ゲタを殺した後、「記憶の断罪」を行い、このアーチの浮き彫りからもゲタの存在が抹消されている。アーチの碑文からもゲタの名前は抹消されている。カラカラはフォーロ・ロマーノのセプ

銀細工職人のアーチ、「カラカラ」

ティミウス・セウェルスの凱旋門でも同様のことを行っている。

教会の中に入ろう。教会は台形をしている。中は薄暗い。他の多くのロマネスク教会と同じように、いろいろなタイプの円柱と柱頭が並ぶ。古代の神殿などから取られたものだからである。

後陣には13世紀、ピエトロ・カヴァッリーニによるフレスコがある。16世紀に手が加えられているので、もう少し新しく見え、カヴァッリーニのフレスコではないみたいである。中央に巻物を手に持つキリストが立っていて、その傍らに聖母マリアがいる。右側にいるのは使徒聖ペトロと殉教者聖セバスティアヌスである。左側にいる、白地に赤の十字を持つ旗を手にしているのが聖ゲオルギオスである。旗に描かれるこの十字は聖ゲオルギオスの十字で、イギリス国旗のユニオンジャックの一部にもなっている。

カヴァッリーニの後陣フレスコ

第7章　真実の口広場、アヴェンティーノの丘周辺の教会

3. サン・ニコラ・イン・カルチェレ
San Nicola in Carcere

―――――――――――*Via del Teatro di Marcello, 46*

　サン・ニコラ・イン・カルチェレは、ヴェネツィア広場とフォーロ・ボアーリオの間にある。ちょうどマルチェッロ劇場の隣である。

　マルチェッロ劇場（マルケルス劇場）はガイウス・ユリウス・カエサルが建設を始め、アウグストゥス帝が前13ないし前11年に完成させた劇場で、名前はアウグストゥス帝の甥のマルクス・クラウディウス・マルケルスの名前が付けられている。上の部分は中世後期のオルシーニ城、緑っぽい石（トゥーフォ、凝灰岩）の部分は第二次世界大戦前のファシスト政権時代に修復された部分である。

サン・ニコラ・イン・カルチェレのファサード

　教会のカルチェレ（「牢獄」）は地下遺構にあるくぼみからきた名前である。このくぼみは、中世において、使徒聖ペトロが閉じ込められた牢獄だと信じられていた。実際には、この場所にあった青果市場の両替所の建物だった。

　この教会にささげられている聖ニコラオスは現在のトルコのミラの司教だった。とても慈悲深い人で、ある貧しい人が3人の娘を売らなくてはならないというほど困窮しているのを知って、金の塊を一つずつ、計3回ひそかに男の家に投げ入れた。それによって男は娘を身売りしなくて済んだという伝承がある。そのため、図像学上は司教の姿で、三つの金の塊と一緒に描かれることが多い。

242

3. サン・ニコラ・イン・カルチェレ

聖ニコラオスの遺体はミラに埋葬されていたが、イスラームのトルコ系の王朝であるセルジューク朝の侵攻に危険を感じ、南イタリアのバーリの商人たちが1087年、聖人の遺体をバーリに移した。これによって、バーリの聖ニコラウス（ニコラオスはギリシア名、ニコラウスはラテン名）と呼ばれることもある。今でもバーリにある聖ニコラウスのバシリカに遺体が安置され、巡礼を集めている。

サン・ニコラ・イン・カルチェレは7世紀にはすでにあったようだ。古い助祭教会であった。現在の教会は12世紀に再建されたロマネスク教会を基本形とするが、その後も何度も手が加わっている。

ファサードは16世紀末の後期ルネサンス様式である。教会の側壁に円柱が並んでいるのが見えるが、後述する古代の神殿である。

上の方に窓はあるのだが、内部は薄暗い。円柱の上に半円アーチが規則正しく並んでいる。後陣のフレスコは19世紀に装飾された部分である。

右側廊後ろ側には、中世の石碑などが飾られている。教会の献堂の碑文

広域地図は、336ページ　　　　　　　　　　　　　　　50m

243

第 7 章　真実の口広場、アヴェンティーノの丘周辺の教会

右側廊後方の壁には中世の碑文が埋め込まれている。

地下遺構。ここに三つの異教神殿があった。

柱の碑文（7-8 世紀）

地下遺構。中世に「ペトロの牢獄」とされていた古代の市場の両替所

（1128 年）、スコラ・カントールム（8-9 世紀）の断片などである。右側廊壁面にある聖母子のフレスコ断片は 1470 年頃のもので、アントニアッツォ・ロマーノによる作品である。もともと地下の礼拝堂に置かれていた。右側2本目の円柱に 7-8 世紀の碑文が彫りこまれている。

聖具室で頼むと、有料だが地下遺構を訪れることができる。この場所には三つの神殿があった。南側にあるのはヤヌス神殿で、前 260 年頃建てられた。ヤヌスとは扉や門の神で、前と後ろに顔を持つ。これは過去と未来を意味しているらしい。中央の神殿はユノ神殿で、前 197 年頃建てられた。北側にあるのは希望の女神であるスペランティア神殿で、前 2 世紀初め頃建てられた。

ヤヌス神殿近くに地下礼拝堂がある。上にあるアントニアッツォ・ロマーノの聖母子の絵も元はここにあった。納骨堂があるが、獣骨も混じっている。近世に置かれたもので、

3. サン・ニコラ・イン・カルチェレ

訪れる人を驚かすためであったという。ユノ神殿とスペランティア神殿の間には、教会の名前の由来となっている、「ペトロの牢獄」、すなわち青果市場の両替所の遺構も残っている。

第7章　真実の口広場、アヴェンティーノの丘周辺の教会

4. サン・バルトロメオ・アッリゾラ
San Bartolomeo all'Isola

―――――Isola Tiberina, 22

　ローマ市内のテヴェレ側には中州が一つある。ティベリナ島である。ここまで紹介してきた教会とも近い場所で、対岸はトラステヴェレである。ローマ時代からの橋で、左岸と右岸と結ばれている。

　ティベリナ島は、古代から病院が置かれてきた。伝染病を隔離するのに都合のよい場所だからである。現

サン・バルトロメオ・アッリゾラのファサード

在もファーテ・ベーネ・フラテッリ病院がある。そして、古代においては、この島はアスクレピオス神の聖域であった。

　日本でもたまに救急車に蛇が棒に絡みついているマークが付けられていることがある。イタリア、あるいは他の欧米諸国でも、救急車や薬局でこのマークをよく見る。これは医療の神であったアスクレピオス神のシンボルである。ティベリナ島の川べりに立つと（左岸側）、舟のモニュメントの上にこのシンボルが刻まれているのを今でも見ることができる。

舟のモニュメントにあるアスクレピオス神のシンボル

　サン・バルトロメオ・アッリゾラは、アスクレピオス神殿跡に、10世紀末に神聖ローマ皇帝オットー3世によって建てられた（創建はさらに古い可能性がある）。当初は別の聖人

246

4. サン・バルトロメオ・アッリゾラ

ティベリナ島にある古代の船のモニュメント

アスクレピオス神殿跡

にささげられていたが、同皇帝によって 11 世紀初めに使徒バルトロマイの遺骨がもたらされて以来、この使徒にささげられるようになった。イゾラ(「島」)はティベリナ島を示している。12 世紀初めに再建され、その後の修復・改装はあるものの、ロマネスク教会を基本としている。

17 世紀のファサード下にはポルティコがある。ポルティコ内の左手に見える遺構は、アスクレピオス神殿の遺構だと思われる。教会の左手の鐘

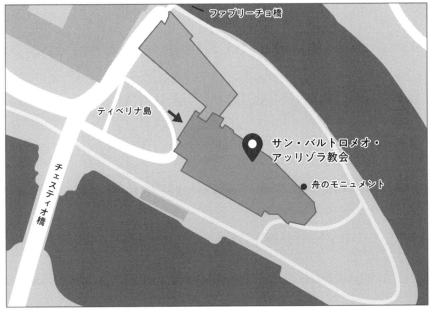

広域地図は、336 ページ　　　　50m

第7章　真実の口広場、アヴェンティーノの丘周辺の教会

12世紀の井戸

塔は12世紀後半のロマネスク様式である。
　内部は他のロマネスクを基調とした教会と似たような感じであるが、主祭壇前に奇妙なものがある。近づいてみるとそれは井戸であることが分かる。12世紀の大理石製で、浮き彫りがある。ニッコロ・ディ・アンジェロまたはピエトロ・ヴァッサレットの作品だとされる。正面に刻まれるのはキリストである。他に刻まれるのは聖アダルベルトゥス、使徒聖バルトロマイ、そして神聖ローマ皇帝オットー3世である。
　聖アダルベルトゥスは998年に殉教したプラハの司教で、当初この教会はアダルベルトゥスにささげられていた。聖人ではないオットー3世が描かれるのは、この皇帝が教会を創建したばかりでなく、使徒聖バルトロマイの遺骨をもたらしたからでもある。

5. サンタ・サビーナ *Santa Sabina*

Piazza Pietro d'Illiria

アヴェンティーノの丘は、ローマの他の丘に比べて少し地味かもしれない。古代においても、現在においてもむしろ住宅地という感じで、あまり壮大なモニュメントも無いように見える。しかし、その歴史は深い。

サンタ・サビーナのファサード

ローマの創建者はロムルスとされる。双子の弟レムスもいた。二人の母レア・シルウィアはウェスタの巫女であった。ウェスタの巫女は聖なる火を守る神官で、在職中は純潔を守らねば生き埋めにされることになっていた。レア・シルウィアの父でアルバ・ロンガ王ヌミトルは弟アムリウスに殺され、王位も奪われた。アルバ・ロンガは、トロイア落城後にイタリアに逃げてきたトロイアの王子アエネアス（アイネイアス）の息子が築いた王国である。したがって、ヌミトルもアムリウスもアエネアスの子孫に当たる。

アムリウスは自らの王位を盤石なものにするべく、ヌミトルの娘を無理やりウェスタの巫女にした。ところが、レア・シルウィアは戦争の神マルス神によって身ごもってしまった。レア・シルウィアの生んだ双子の子どもは、アムリウスによって川に流されてしまう。この双子の嬰児を雌狼が育てた。

なぜローマの建国神話を述べてきたかというと、パラティーノがロムルスの領地だったのに対し、アヴェンティーノはレムスのものだったからである。やがて二人はいがみ合うようになり、ロムルスがレムスを殺し（現在のチルコ・マッシモのある場所とされる）、単独支配者となった。ロムルスは

第7章　真実の口広場、アヴェンティーノの丘周辺の教会

前753年4月21日にローマを建国した。

　実際のところ、この神話がどれだけ歴史的真理を反映しているかは分からない。有力な説によれば、ロムルスとレムスは実は同一人物であったという。ロムルス Romulus とレムス Remus では確かに綴りはほとんど一緒である。パラティーノの丘で前8世紀のかなり大きな屋敷跡が発掘されているので、前8世紀にある有力な指導者がいたことだけはほぼ間違いないだろう。

　前6世紀に創建され、前4世紀に石造りのものに造り替えられたセルウィウスの市壁はアヴェンティーノの丘を囲んでいる。このことから、アヴェンティーノの西側および南側の切り立った崖が防衛上有用だっただけでなく、古くからこの地区が重要な場所であったことが分かる。

　アヴェンティーノには実は古い教会がいくつも残っている。その中でも、サンタ・サビーナは特に重要な教会である。

　チルコ・マッシモの地下鉄駅とサンタ・マリア・イン・コズメディンの

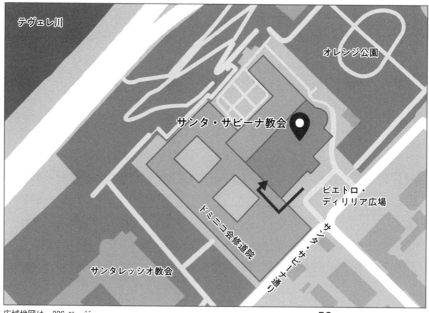

広域地図は、336ページ　　　　　　　　　　50m

5. サンタ・サビーナ

間の大通りはいったん丘の上を走る。その頂点付近にマルファ広場があるが、そこからローマ市バラ園（春と秋のバラの開花期のみ開園、無料）の間を通る道を行く。車の通る道に入ってもまっすぐ行くとオレンジ公園がある。中世のサヴェッリ家の城で、オレンジがたくさん植えられているため、このように呼ばれる。公園のテラスからサン・ピエトロのクーポラまではほぼまっすぐで、市内の眺めもよい。この公園隣にある大きな建物がサンタ・サビーナである。

教会は同名の2世紀の女性殉教者にささげられた名義教会で、5世紀初めに教会堂として再建された。その後何度も改築や修復が行われているが、20世紀前半の建築家アントニオ・ムニョスによる復元により、初期キリスト教時代の趣きを残している。

教会前のポルティコは15世紀半ばに建てられた。このポルティコ内にはいくつかおもしろいものがある。

教会とは反対側の壁に穴がある。この穴を通してのぞくと、木が1本ある。この木は、聖ドミニコが植えたオレンジの子孫と伝えられている。

ポルティコ内、ファサード側の壁には、あまりはっきりしないが、近年発見されたフレスコがある。7-8世紀のフレスコである。中心には聖母子が立っている。右にいるのは使徒聖パウロ、聖セラフィアで、左に使徒聖ペトロ、聖サビナである。聖人たちのさらに左側とその手前側に存命の人物が描かれている。司祭長テオフィルスと司祭ゲオルギウスである。テオフィルスとゲオルギウスは680年、教皇アガトの使節として第三コンスタンティノープル公会議に参加した人物である。そして右端に一人の教皇が描かれている。描かれている教皇はアガトかその後継者と見られる。

教会の入り口には、5世紀の糸杉製の扉が残っている。中世盛期の木の扉はたまに見るが、5世紀の扉は

ポルティコにある7-8世紀のフレスコ

第7章　真実の口広場、アヴェンティーノの丘周辺の教会

5世紀の木の扉

非常に珍しい。保存状態もよい。彫られているのは旧約聖書のシーン（預言者モーセ、エリヤ、エリシャ、ハバククなど）や福音書（主の公現、キリストの奇跡、磔刑、主の昇天など）である。

　中に入ろう。光が入って意外に明るい。

　ファサード後ろ側のモザイクは5世紀初めのもので、文章はノラの聖パウリヌスによるものだという。ノラのパウリヌスはフランスのボルドー近郊出身の聖人で、ナポリ郊外のチミティレで聖フェリクスの墓を中心に教会を建てたことで有名である。これが西方教会の聖遺物崇敬の元祖だともされる。

　身廊と側廊を分ける円柱の上、梁の部分には5-6世紀の色大理石装飾が残っている。白い円柱には統一性があり、リズミカルである。

　スコラ・カントールムがあるが、これは20世紀にアントニオ・ムニョスが5世紀および9世紀の材料を用いて再構成したものである。聖堂の真ん中付近にある墓はドミニコ会総長サモラのムニョス（1300年没）の墓である。アントニオ・ムニョスと関係はない。

ファサード後ろ側のモザイク

ドミニコ会総長サモラのムニョスの墓

252

5. サンタ・サビーナ

　右側廊に円柱が一本あって、下の地面が見える。これは5世紀教会以前の古い建物の一部である。地下には3世紀の建築跡がある。

　後陣のフレスコは16世紀のもので、キリストと使徒たちを描いている。19世紀に修復されている。同じようなテーマで中世にはモザイクがあったらしい。

　予約すれば、教会の地下遺構や修道院（ドミニコ会総本部）内を有料で見学できる。聖ドミニコの部屋は現在礼拝堂に改造されている。13世紀の回廊もある。

聖ドミニコの礼拝堂

第 7 章　真実の口広場、アヴェンティーノの丘周辺の教会

6. サンタレッシオ *Sant'Alessio*

―――― *Piazza Sant'Alessio, 23*

サンタ・サビーナからさらに先に進むと、すぐサンタレッシオ教会に着く。5世紀の隠者聖アレクシスにささげられている。このアレクシスについては、サン・クレメンテ教会地下にその生涯を描いたフレスコがある。

裕福な元老院議員の息子だったアレクシスだったが、世に倦んで隠者となった。砂漠に住んでいたが、長い年月が過ぎた後、故郷であるローマに帰りたくなった。父はまだ存命であったが、自分の家に戻ることははばか

サンタレッシオのファサード

れたので、自分の父の家のそばで物乞いをして糊口をしのいでいた。そのうちにアレクシスは亡くなった。階段の下で死んでいる物乞いを家の召し使いは見た。死後になってようやく、この物乞いが実は家の息子であったということが分かったというものである。教皇インノケンティウス1世がアレクシスだと認知したという伝承もある。

東方の伝承ではアレクシスはコンスタンティノープルの元老院議員の息子だったとされる。自分の婚礼の席で失踪し、隠者になったのだと言う。

教会の創建は3世紀か4世紀頃らしいが、何度も再建されている。13世紀初頭に教皇ホノリウス3世が再建したロマネスクと、18世紀半ばの改築による後期バロックが混在している。

教会は前庭を備える。18世紀のファサードの下にポルティコがある。扉口にはコズマーティ装飾が残っている。右側には13世紀のロマネスク鐘塔がある。

内部にはコズマーティ床が残る。左側廊にある井戸は聖アレクシスの父

6. サンタレッシオ

聖アレクシスの父の家の井戸と伝えられる井戸

コズマー族による司教座

の家の井戸とされている。

　内陣部分はよりロマネスク色が濃い。主祭壇には神の子羊や四福音書のシンボルを描いた 12-13 世紀のフレスコ跡が残っている。後陣にはヤコ

広域地図は、336 ページ

第7章　真実の口広場、アヴェンティーノの丘周辺の教会

12世紀の聖母の絵

ポ・ディ・ロレンツォ・ディ・コズマによる円柱（13世紀初め）を用いた司教座もある。内陣右の礼拝堂には13世紀ローマ派の聖母の絵が置かれている。

⛪ 7. サンタンセルモ *Sant'Anselmo*

――――――――*Piazza dei Cavalieri di Malta, 5*

サンタ・サビーナ、サンタレッシオを過ぎてまっすぐ行くと、マルタ騎士団広場に着く。マルタ騎士団の鍵穴は、サン・ピエトロのクーポラがまっすぐ先に見えるので、よく観光客が列をつくっている。同じ広場に中世風の教会が見える。それがサンタンセルモである。

サンタンセルモの前門とファサード

11世紀から12世紀初頭にかけて生きた北イタリアのアオスタ出身の聖アンセルムスは、イギリスのカンタベリー大司教となり、カンタベリーのアンセルムスとも呼ばれるベネディクト会士である。『モノロギオン』『プロスロギオン』『クール・デウス・ホモ』などの神学的著作を著した。『モノロギオン』では、最初と結論部分以外「神」という言葉を使わずに、神を説明する。その語り口は実に見事である。

ここは現在ベネディクト会総本部となっている。教会と修道院は教皇レオ13世により1893-1900年に建設された。設計は首席院長イルデブラン・ドゥ・アンティンヌと建築家フランチェスコ・ヴェスピニャーニが担当した。北イタリアのロンバルディア地方のロマネスク様式を模した、ネオ・ロマネスク様式である。

糸杉の並木道を通る。教会の右手には修道院売店があり、各地のベネディクト会修道院製品を買うこともできる。

教会および修道院の建物の外観はほぼレンガ造りである。教会前には前庭が置かれ、中心には噴水がある。前庭内にあるのは、現代風の聖アンセルムスの像である。前庭内には、左側にキリストのモザイクがある。これ

第7章　真実の口広場、アヴェンティーノの丘周辺の教会

はドイツのマリア・ラーハ大修道院の修道士が制作した。教会の右手には鐘塔もある。

　内部は簡素である。ネオ・ロマネスクの円柱とその上の半円アーチが並んでいる。床にはモザイクも敷かれている。

　後陣にはモザイクがある。中央には十字架があって、そこにキリストがいる。十字架は2人の天使に支えられている。十字架の上には父なる神の手も見える。左側には戒律を手にしたノルチャの聖ベネディクトゥスが、右側には聖アンセルムスが描かれている。このモザイクもマリア・ラーハ大修道院の修道士が制作したものである。

　内陣右側（聖櫃のある祭壇）には磔刑のモザイクがある。左に立つのは

後陣モザイク

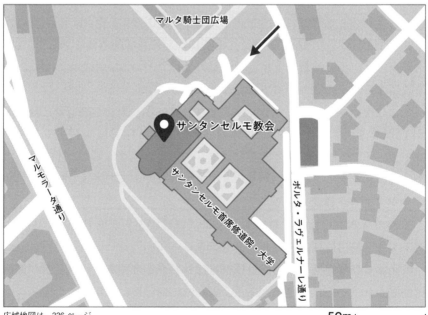

広域地図は、336ページ

聖母マリア、右側は福音記者聖ヨハネである。祭壇のモザイクはペリカンを描いている。中世においては、ペリカンは自分の血を子どもたちに与えると信じられてきた。ご自分の血ですべての人間を贖(あがな)ったキリストの象徴である。

内陣左側の祭壇は聖母マリアの祭壇である。王座に座す聖母子の両脇に天使がいる。祭壇のモザイクは聖霊（鳩で表象される）によって純潔（百合で表象される）の象徴である乙女マリアが身ごもる受胎告知を表している。両脇の文字はMPとΘY、ギリシア語で「メーテール・テウー（神の母）」である。

他の教会では一般に訪れることができるものだけを紹介するようにしているが、ここでは通常入れない部分も紹介しよう。筆者はここに何年も住んでいたためである。近代教会ということもあってあまり知名度はないが、実はいろいろなものがある。

修道院受付近くには、3世紀半ば頃の「オルフェウスの神話」のモザイクがある。19世紀の創建時に発掘されたものである。文字が書かれている部分はオリジナルでなく、19世紀に付け加えられた部分である（聖ベネディクトゥスの戒律の引用）。

オルフェウスはギリシア神話に登場する伝説的な詩人である。その歌で動物たちを魅了したと言われている。これがモザイクのテーマである。ライオンや、象、イノシシ、鳥、亀やトカゲなどいろいろな動物が描かれている。白黒で物足りないかもしれないが、ローマのモザイクの伝統は本来白黒であった。

オルフェウスにはエウリュディケという妻がいたが、若くして亡くなってしまった。悲しんだオルフェウスは冥府に下り、冥界の神ハデス（プルート）に妻を生き返らせてもらえるよう頼んだ。オルフェウスの歌

3世紀半ば頃のモザイク「オルフェウスの神話」

第7章　真実の口広場、アヴェンティーノの丘周辺の教会

に感動した冥王は、振り返って妻を見ないという条件で、エウリュディケを地上に帰すことを許した。ところが、あと一歩で地上に出ようとする時、オルフェウスはつい、妻の方を振り返ってしまった。エウリュディケは冥府に連れ返されてしまった。このエピソードは日本神話のイザナギ、イザナミの話とよく似ている。

　受付から入ると、大回廊に出る。回廊は二つに分かれている。教会側の回廊の壁には初代首席院長のイルデブラン・ドゥ・アンティンヌのモニュメントがある。修道院側からの教会入り口には、祈る姿（オランス）の古代風の人物のモザイクがあり、こう書かれている。「Ante Deum stantes non simus corde vagantes. Si cor non orat in vanum lingua laborat.（神の前に立つ時に、空虚な心でいてはいけない。心で祈っていないならば、舌を動かしても意味はない）」。心から祈らなければ、いくら口で祈りの言葉を唱えても、神には通じない。

大回廊

大回廊地下のローマ別荘（発掘中の写真）

　教会に近い側の回廊の地下には、実は2-4世紀のローマ別荘がある。サンタンセルモには大学があるのだが、大教室を造ろうとして掘ったところ、遺跡が出てきてしまった。

　もう一つの回廊には、中央に噴水があり、鯉、金魚、亀、鰻1匹がいる。周囲にはラヴェンダーやオレンジなどが植わっている。上を見れば十二星座の時計があり、もう一つの鐘塔もある。

　教会近くには聖具室がある。中には創建した教皇レオ13世の像がある。教会の地下にはクリプタがあったが、現在は大学の図書館になって

7. サンタンセルモ

いる。

　修道院の生活は回廊を中心に行われる。教会は回廊に付属し、その他の重要な施設も回廊沿いに設けられている。大食堂も回廊に付属している。

　150人は入る大食堂には手前側には聖母子のモザイク（マリア・ラーハ大修道院の修道士たちの作）がある。奥にはアッシジのサン・ダミアーノの十字架（フランチェスコに語りかけたという十字架）の複製が置かれている。キリストの生誕と死を象徴している。

ボイロン画派の「聖アンセルムスと天使」

　大食堂には、イタリアではモンテカッシーノ大修道院のクリプタおよび修道院の建物内にしか他には例がないボイロン画派の「聖アンセルムス」の絵もある。元は会議室にあったが移された。ボイロン画派はユーゲントシュティール（ドイツ版のいわゆるアール・ヌーヴォー）に参加していたこともある。ボイロン大修道院の芸術学校（1850年頃 – 1950年頃）出身の修道士らによって生み出された芸術様式である。

　当初はジョットなどのイタリア絵画の影響を受けていたが、やがてその影響は薄れ、中世のビザンツ様式、さらには古代エジプトの様式を大胆に取り入れていった。静的で、威厳に満ちた荘厳さが特徴である。ドイツでは、ボイロン修族（修道院連合のこと）の教会を中心に、多くの作例がある（ボイロン、アイビンゲン、マリア・ラーハ、フルダなど）。

　ボイロン修族は日本とも関係がある。日本のベネディクト会は1931年にボイロン大修道院によって創設されたからである。1943 – 45年に一時的にザンクト・オッティリエン修族という宣教を目的とする別のドイツの修族に移り、戦後はアメリカのカッシーノ修族が引き受けた。1999年までは東京の目黒にあったが、その後長野の富士見に移っている（2015年末に閉鎖）。

　集会室（チャプターハウス）も回廊に面している。ここは昼の祈りやさま

第 7 章　真実の口広場、アヴェンティーノの丘周辺の教会

ゲストハウス翼の地下のローマ別荘

ざまな会合を行う場所である。

　会合を行う部屋はもう一つある。大きな会議はそちらで行われる。そこには墨で聖ベネディクトゥスが描かれ、中国語でベネディクトゥスの戒律の最初の部分が書かれる水墨画もある。

　ゲストハウスの翼には小回廊もある。大回廊地下のローマ遺跡とは別に、この翼の地下にも 2-4 世紀のローマ遺跡がある。この空間は古代から地下であったようだ。

　修道院の裏側には噴水のある庭園があり、斜面にはオリーヴ畑も広がっている。かつてのセルヴィウスの市壁跡には、16 世紀半ば頃教皇パウロ 3 世が建てた堡塁がある。建築家のジョヴァンニ・バティスタ・ダ・サンガッロとアントニオ・ダ・サンガッロ・イル・ジョーヴァネによるものである。

262

8. サンタ・プリスカ *Santa Prisca*

―――――――――――――――――*Via di Santa Prisca, 11-13*

サンタ・プリスカは、アヴェンティーノの丘でも東の方にある。サンタ・サビーナ前の通りを道なりにまっすぐ行くか、アヴェンティーノ大通り半ばにあるアルバニア広場からサンタ・プリスカ通りを上っていけば、サンタ・プリスカ教会に着く。

教会は女性殉教者プリスカにささげられている。プリスカは3世紀後半にオスティア街道沿いで処刑され、アヴェンティーノに遺体が運ばれたとされている。

サンタ・プリスカのファサード

別の伝承では、使徒聖ペトロの時代の殉教者で、使徒の頭であるペトロから13歳で洗礼を受けたことになっている。この伝承では1世紀の半ば頃殉教し、西方で最初の女性殉教者となった。この伝承では、プリスカはプリシッラのカタコンベに埋葬されたと言う。

さらに別の伝承もある。この伝承は特に8世紀以降広まったもので、使徒聖パウロのローマの信徒への手紙16・3(「キリスト・イエスに結ばれてわたしの協力者となっている、プリスカとアクィラによろしく」)に出てくるアクィラの妻プリスカだと言うのである。

3世紀、アクィラとプリスキッラの名義教会として創設され、5世紀にプリスカの名義教会として教会堂が建てられた。その後も何度か再建されている。この教会も1084年にロベール・ギスカールによる破壊を受けている。教会は中世にはもっと大きかったのだが、火災で倒壊した後で15世紀半ばに再建された際、アーチ3つ分小さい形で再建された。ファサードは17世紀の後期ルネサンス、内部は18世紀前半のバロック様式であ

第7章　真実の口広場、アヴェンティーノの丘周辺の教会

身廊のフレスコ「天使と聖人たち」

2世紀のドーリア柱頭。聖ペトロの洗礼盤だと信じられていた。

る。

　身廊上部のフレスコは「天使と聖人たち」である。主祭壇にある祭壇画は「聖プリスカの洗礼」である。その周辺の壁画は「聖プリスカの殉教」を描いている。

　右側廊側の洗礼堂にある洗礼盤は2世紀のドーリア式の簡素な柱頭であ

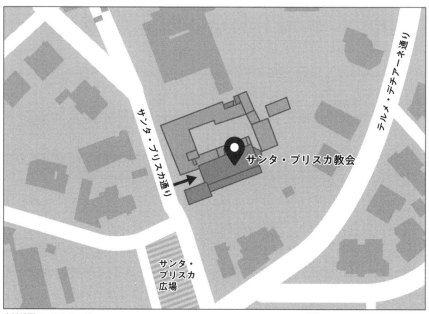

広域地図は、336ページ

264

る。かつてはペトロが洗礼を授けていた洗礼盤と信じられていた。この場所の地下に遺構がある家が、ペトロを賓客として泊めていた家だったという伝説からである。

第7章　真実の口広場、アヴェンティーノの丘周辺の教会

9. サン・サーバ San Saba

———————————————————— Via San Saba

サン・サーバのファサード

　アヴェンティーノの丘は実は二つある。これまで紹介してきた教会のある方が単にアヴェンティーノ、あるいは大アヴェンティーノというのに対し、東側にある方は小アヴェンティーノという。アヴェンティーノ大通りが二つの丘を分ける。アヴェンティーノ大通りに半ばにあるアルバニア広場から東側、サン・サーバ通りを上っていくとサン・サーバ教会に着く。

　聖サバは、5世紀から6世紀初めにかけてのパレスティナの隠修士である。聖サバの創設したマール・サバ修道院が今もヨルダン川西岸地区にある。

　サン・サーバ教会は6世紀頃、大教皇グレゴリウス1世の母シルヴィアが礼拝堂を建てたのが教会の起源だとされる。現在の教会は13世紀初頭に改築されたロマネスク教会を基本形とするが、ファサードは15世紀半ばに改築されたルネサンス様式である。

　扉口にはヤコポ・ディ・ロレンツォ・ディ・コズマによる13世紀初めのコズマーティ装飾が残っている。ポルティコには石棺や8世紀の浮き彫り「騎士と鷹」などがある。

ポルティコにある8世紀の浮き彫り「騎士と鷹」

266

9. サン・サーバ

　内部は左側に一つ側廊が付け加えられたため、四身廊となっている。コズマーティ床は13世紀のものだが、20世紀初めに復元された。右側廊にコズマーティのスコラ・カントールムの断片が飾られている。

左側廊のフレスコ、「聖母子と聖サバ、聖アンデレ」

左側廊のフレスコ、「教皇座にいる教皇と天使」

広域地図は、337ページ

第 7 章　真実の口広場、アヴェンティーノの丘周辺の教会

　左第 2 側廊の壁にはさまざまなフレスコが残っている。13 世紀末から 14 世紀初頭のもので、作者の名前は分かっていないので、サン・サーバの画家と呼ばれている。描かれているのは、「聖母子と聖サバ、聖アンデレ」(後方)、「教皇座にいる教皇と天使」、「ミラの聖ニコラオスの伝説」などである。

　後陣のフレスコは「聖アンデレと聖サバの間のキリスト」、「神秘の子羊と十二の子羊」「王座の聖母子と十二使徒」、「グレゴリウス 13 世と聖人たち」で、1575 年の聖年のために描かれた。下の「磔刑」は 14 世紀、いちばん上にある「受胎告知」は 1463 年のフレスコである。コズマーティ様式の司教座も置かれている。

後陣のフレスコ、14 世紀の「磔刑」

後陣のフレスコ、1463 年の「受胎告知」

第 8 章

テルミニ駅、共和国広場、クィリナーレ周辺の教会

第8章　テルミニ駅、共和国広場、クィリナーレ周辺の教会

🏠 *1.* サンタ・ビビアーナ *Santa Bibiana*

———————————————— *Via G. Giolitti, 154*

テルミニ駅南側にジョリッティ通りが走っている。鉄道沿い、丸いミネルウァ・メディカ神殿よりも手前にサンタ・ビビアーナ教会はある。近くにあるのはエスクィリーノ屋内市場である。市場は、かつてはヴィットリオ・エマヌエーレ2世広場にあったが、この場所に移された。

サンタ・ビビアーナのファサード

平日に毎日開いているこの市場はローマ最大の市場である。

聖ビビアナ（聖ヴィヴィアナ）は4世紀、「背教者」ユリアヌス帝時代の女性殉教者である。ユリアヌス帝が背教者と呼ばれるのは、コンスタンティヌス大帝によるキリスト教公認後、ローマ皇帝権の明らかなキリスト教への傾倒の流れに反して、異教を復興しようとしたからである。ユリア

「聖ビビアナの生涯」

聖ビビアナが殉教したときに縛られたとされる円柱

ヌスの治世は長く続かず、その後392年には皇帝テオドシウス1世によってキリスト教がローマ帝国の国教とされた。

教会は4世紀または5世紀に創建された。現在の教会は17世紀前半にジャン・ロレンツォ・ベルニーニが再建したバロック教会である。

ベルニーニによる「聖ビビアナ」の彫刻

内部の壁面にはチャンペッリ(右側)とピエトロ・ダ・コルトーナ(左側)による「聖ビビアナの生涯」(17世紀)が描かれている。入り口付近には聖ビビアナの殉教に用いられたと伝えられる円柱が置かれている。主祭壇と聖女ビビアナの像はベルニーニの作品である。

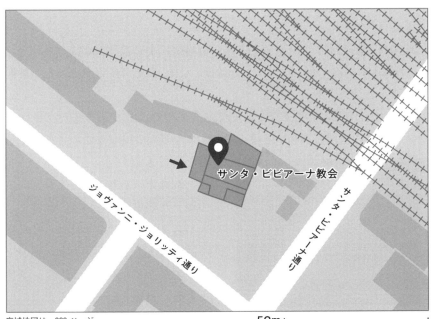

広域地図は、339ページ

第8章　テルミニ駅、共和国広場、クィリナーレ周辺の教会

2. サンタ・マリア・デリ・アンジェリ
Santa Maria degli Angeli

―――――――――――――――――――*Piazza della Repubblica*

共和国広場は、サン・ピエトロ広場、ヴェネツィア広場、ナヴォーナ広場などと並んで、ローマを代表する広場の一つと言えるだろう。ローマ生まれのオーストリア人カイエタン・コッホが1887-98年に造った広場で、かつてここにあったディオクレティアヌスの浴場のエクセドラ（半円形の広場）の形をそのまま尊重して造られている。

サンタ・マリア・デリ・アンジェリの共和国広場側のファサード

1550年に、ディオクレティアヌスの浴場跡に小さな教会が建てられた。これを1561年にミケランジェロが改築し、16世紀末に完成された。後期ルネサンス様式である。

ファサードはレンガ製で、まるで古代建築のようである。ディオクレティアヌスの浴場と調和するようにと、ミケランジェロがこのように造ったためである。

右袖廊床にあるのは「クレメンスの線」と呼ばれるもので、教皇クレメンス11世が1702年に作らせた日時計である。十二聖座や北極星の位置の変遷なども刻まれる。グレゴリウス暦の正確さを検証するために用いられた。

「クレメンスの線」

272

2. サンタ・マリア・デリ・アンジェリ

「クレメンスの線」は教会内を横切っている。

　グレゴリウス暦は、カエサルが作成したユリウス暦ではずれが起こってしまうため、教皇グレゴリウス13世が命じてつくらせた暦である。ユリウス暦では、一年は365日で、四年ごとにうるう年がある。古代ローマ時代としては極めて正確なのだが、何百年と時がたつとどうしてもずれが出てくる。そこで、400年に3回だけうるう年を設けず、うるう年が400年に97回来るようにした。具体的には、100年目、200年目、300年目をうるう年としない。よって、1700年、1800年、1900年は四年に一回のうるう年を設けず、2000年には設けることになる。

　グレゴリウス暦が導入された時、ユリウス暦で生じていた10日のずれが修正された。1582年10月5日から14日がなくなった。つまり、10月

広域地図は、338ページ

273

第8章　テルミニ駅、共和国広場、クィリナーレ周辺の教会

「ミケランジェロの大回廊」

4日木曜日の次が15日金曜日となったのである。

　プロテスタント諸国や東方教会の諸国では導入が遅れたが、今やほとんど世界中でグレゴリウス暦は使われている。日本でも明治初期に導入されたし、イスラーム国でもヘジュラ暦と併用している国も多い。

　春分の日の後の満月の後の日曜日を復活の主日とする。西方教会ではグレゴリウス暦で算定するが、東方教会では、グレゴリウス暦を使うところも、ユリウス暦のままのところもある。ユリウス暦で算定する場合も、復活の主日が同じ日に当たる年もある。

　教会にはミケランジェロの回廊と呼ばれる回廊もある。ミケランジェロの死後の1565年に建てられたものだが、このように呼ばれている。こちらは国立博物館のディオクレティアヌスの浴場（有料）から入れる。

　国立博物館のディオクレティアヌスの浴場は、古代ローマの浴場遺構だが、サンタ・マリア・デリ・アンジェリのカルトゥジア会修道院跡でもある。実際、教会はこの修道院に付属する教会であった。

　カルトゥジア会は、ケルンの聖ブルーノによって11世紀後半に、フランスのグラン・シャルトルーズに創立された修道会である。映画「大いなる静寂（*Die große Stille / Il grande silenzio*）」でその生活を見た人もいるかもしれない。

　共住修道院でありながら、完全に孤独の中で過ごす。共同の祈りはあるが、言葉を交わすことはない。食事は自分の独房で、一人で取る。共同の食事は日曜の昼食のみで、その食事も沈黙で取る。言葉を交わすのは、必要があって院長（プリオル）などと話す時か、日曜午後のレクリエーションの時だけである。

　修道士には盛式請願を立てた司祭である共唱修道士と、有期請願のみの助修士がいる。助修士は食事を準備したり、各独房に届けたり、畑仕事に

2. サンタ・マリア・デリ・アンジェリ

従事したりし、俗世とも少しは関わりを持つ。共唱修道士は前記の独房にこもり、手仕事をしながら日々を祈りの中で過ごす。大回廊に面した共唱修道士の各独房には、庭もあり、自分の庭で野菜などを作ることもある。

フランス、ドイツ、イギリス、アメリカなどに今も残るが、イタリアでは数が少なくなった。14-15世紀が最盛期で、かつてはどの都市にもあったが、現在残っているのはカラブリアのセッラ・サン・ブルーノとルッ

「カルトゥジア会修道士と猫」

カ近郊のファルネータの二つ、女子はリグリア地方サヴォーナ県の聖三位一体修道院のみである（いずれも訪問不可）。ミラノ、パヴィア、フィレンツェ、ピサ、ローマ、ナポリ、パドゥラ、カプリ島などのカルトゥジア修道院は他の修道会の管理に移るか、国や地方自治体の財産となっている（こちらは訪問可）。

国立博物館ディオクレティアヌスの浴場では、ミケランジェロの大回廊や、その周辺にある独房を見ることができる。回廊側に、扉とは別に窓があるが、食事を運び入れるためのものである。「カルトゥジア会修道士と猫」の壁画も残されている。

第8章　テルミニ駅、共和国広場、クィリナーレ周辺の教会

3. サンタ・スザンナ Santa Susanna

Via XX Settembre, 14

　共和国広場からオルランド通りを北側に行くとサンタ・スザンナ広場に着く。右手前にはモーセの噴水、右奥にはサンタ・マリア・デッラ・ヴィットリア教会、左奥にはこのサンタ・スザンナ教会がある。サンタ・スザンナの向かいには、ディオクレティアヌスの浴場の円形構造を利用したサン・ベルナルド教会もある。

サンタ・スザンナのファサード

　聖スザンナはディオクレティアヌス時代の女性殉教者である。史的信頼性はないものの、『聖スザンナ殉教録』によれば、教皇カイウスの姉妹で、ディオクレティアヌスのいとこだったと言う。ディオクレティアヌスの息子であるマクシミアヌスとの結婚を拒み、殉教したのだと言う。マクシミアヌスはディオクレティアヌスの子ではないし、教皇カイウスがディオクレティアヌスのいとこであるなど荒唐無稽の話だが、他にこの殉教者に関する歴史史料はない。

内陣

　伝承では2-4世紀に、ローマ時代の家の上に建てられたという。16世紀の末に教皇シクストゥス5世によって再建されたのが現在の教会で、バロック様式である。ローマのバロック建築の最初の例とされ、後期ルネサンスの要素が残っている。

　ファサードは1603年、カルロ・マデルノによるものである。ファサードは二層に分か

276

3. サンタ・スザンナ

れているが、下の部分にある彫像は聖フェリキタス（3世紀初めの北アフリカの女性殉教者）とローマの聖スザンナで、いずれもヴァルソルドの彫刻である。上の彫刻はマデルノの作品で、教皇聖カイウスと聖ガビニウス（カイウスとスザンナの父）である。

身廊左側面のフレスコ「聖スザンナの生涯」

主祭壇の祭壇画は「聖スザンナの死」である。後陣のフレスコは「栄光の中の聖スザンナ」。天井には聖母が描かれ、身廊には「聖スザンナの生涯」（左側面）や「スザンナの物語」（旧約続編に出てくる水浴のスザンナ、右側面）などが描かれている。これらのフレスコはバルダッサーレ・クローチェによって1595年に描かれたものである。上の方にある預言者の像はイザヤとエレミヤ（ヴァルソルドの作、右側）、ダニエルとエゼキエル（フラミニオ・ヴァッカの作とされる、左側）である。

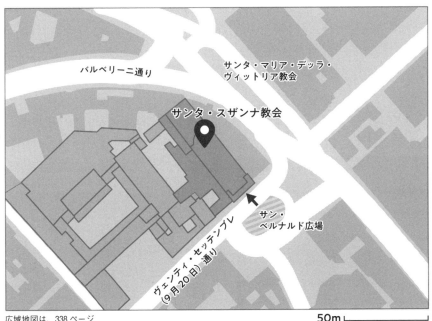

広域地図は、338ページ

第8章　テルミニ駅、共和国広場、クィリナーレ周辺の教会

4. サンタ・マリア・デッラ・ヴィットリア
Santa Maria della Vittoria

———————————————————— *Via XX Settembre, 17*

サンタ・マリア・デッラ・ヴィットリアはサンタ・スザンナ広場に面している。マニャナポリ広場（ナツィオナーレ通りの終点）からクィリナーレ宮殿前を通り、四方に噴水のあるクァトロ・フォンターネまでの通りをクィリナーレ通りと言うが、その続きで、ミケランジェロが造ったピア門までの通りを9月20日通りと言う。

元は通りを建設したピウス4世にちなんでピア通りと呼ばれていたが、1870年9月20日、イタリア王国軍がここを通ってローマ市

サンタ・マリア・デッラ・ヴィットリアのファサード

内に入り、ローマを掌握、イタリア統一を成し遂げたので、このような名前になった。サンタ・スザンナも、サンタ・マリア・デッラ・ヴィットリアもこの通り沿いにある。

教会は1608-20年に建てられた。「勝利の聖母」という名前は、1620年、神聖ローマ皇帝フェルディナント2世がプラハでプロテスタントに勝利したのを記念している。三十年戦争の初期の一こまである。

1618-48年の30年にわたって戦われた三十年戦争は、カトリックとプロテスタントの間の宗教戦争であった。神聖ローマ帝国内の宗教戦

「勝利の聖母」の絵

278

4. サンタ・マリア・デッラ・ヴィットリア

争はやがて国際戦争となり、さらには政治戦争化した。末期にはカトリック国のフランスがドイツのプロテスタントを支援するような事態さえ起こる。1648年にウェストファリア（ヴェストファーレン）条約で戦争は終結し、1555年のアウグスブルクの和議でルター派に認められていた原則、「Cuius regio, eius religio（領主の宗教が領民の宗教となる）」がカルヴァン派にも認められるようになった。

教会の主祭壇に「勝利の聖母」のコピーが置かれている。複製なのは、オリジナルは火災で焼けて残っていないからである。

左袖廊にはコルナーロ礼拝堂がある。礼拝堂を造ったのはジャン・ロレンツォ・ベルニーニである。ベルニーニ作の彫刻「アビラの聖テレサの法悦」（1644–52年）が置かれて

ベルニーニの「聖テレサの法悦」

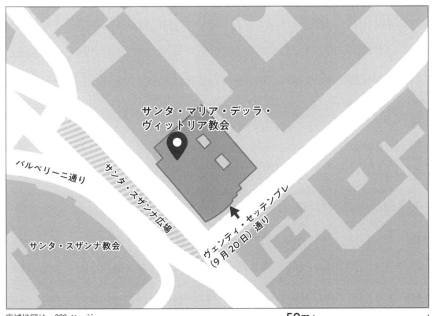

広域地図は、338ページ　　　　　　　50m

いるが、これはこの芸術家の最高傑作の一つと見なされている。

　ドメニキーノの「聖フランチェスコの法悦」「聖フランチェスコの聖痕」（右第2礼拝堂）、グエルチーノの「聖三位一体」（左第3礼拝堂）など、バロックの画家たちによる絵がある。グイド・レーニによる「ベルリンギエーロ・ジェッシ枢機卿の肖像」（左第3礼拝堂内の右側）もある。

5. サンタンドレア・アル・クィリナーレ
Sant'Andrea al Quirinale

―― Via del Quirinale, 29

サンタンドレア・アル・クィリナーレはクィリナーレ宮殿の向かい側にある。クィリナーレ宮殿は、元は教皇の離宮で、1870年以降はイタリア国王の宮殿、第二次世界大戦後の共和政移行以降にはイタリア共和国大統領宮殿となっている。クィリナーレ宮殿は要予約で内部を公開しているほか（特に、1617年にカルロ・マデルノが造ったパオリーナ礼拝堂は必見）、6月2日の共和国記念日の午後には庭園を一般公開する。

サンタンドレア・アル・クィリナーレのファサード

サンタンドレア・アル・クィリナーレは、17世紀半ばに芸術家ジャン・ロレンツォ・ベルニーニによって建てられた。バロック様式の教会である。使徒聖アンデレにささげられている。

内陣部分

内部は楕円形をしている。壁は豪華な大理石で装飾されている。床にあるジュリオ・スピノーラ枢機卿（1691年没）とジャンバッティスタ・スピノーラ枢機卿（1719年没）の墓にはモザイク装飾がなされている。クーポラには金がふんだんに使われている。内部の芸術作品は17世紀後半から18世紀前半にかけてのものが多い。

有料であるが、ベルニーニ設計の聖具室と上の階にあるイエズス会の聖人である聖スタ

第8章　テルミニ駅、共和国広場、クィリナーレ周辺の教会

スピノーラ枢機卿の墓

ニスラウス・コストカ（1550-68年）が住んだ部屋も見学することができる。

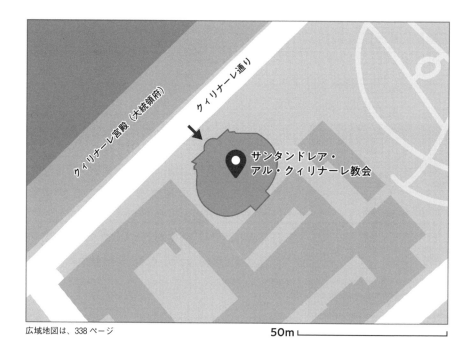

広域地図は、338ページ　　　50m

6. サン・カルロ・アッレ・クァトロ・フォンターネ
San Carlo alle Quattro Fontane

———————————————————— *Via del Quirinale, 23*

クィリナーレ通り＋9月20日通りと、クァトロ・フォンターネ通りが交差する場所には、四隅に噴水がある。4つ（クァトロ）噴水（フォンターナ）があるので、この噴水はクァトロ・フォンターネと呼ばれる。泉はローマを流れる「テヴェレ川」、フィレンツェを流れる「アルノ川」、月の女神である「ディアナ神」、これまでも何度か出てきたユピテル（ゼウス）の妹にして妻で結婚をつかさどる「ユノ神」の噴水である。

サン・カルロ・アッレ・クァトロ・フォンターネのファサード

サン・カルロ・アッレ・クァトロ・フォンターネ教会は建築家フランチェスコ・ボッロミーニにより17世紀に建設された。ミラノの枢機卿聖カルロ・ボロメオにささげられている。

内部は楕円形をしている。教会内の絵画は17世紀のものが多い。真っ白なクーポラの頂点には金地で聖霊の象徴である鳩(はと)が描かれている。教会の右奥からは17世紀前半の回廊に行くこともできる。

教会内外に見える赤と青の十字は、三位一体会のマークである。三位一体会は、1189年に創立された修道会で、十字軍遠征や海賊の被害などでイスラーム教側の捕虜となったキリスト教徒を解放するために設

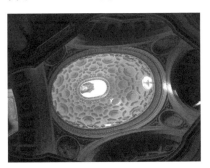

クーポラ

第8章　テルミニ駅、共和国広場、クィリナーレ周辺の教会

回　廊

立された。

　『ドン・キホーテ』の作者ミゲル・デ・セルバンテスは1571年のレパントの海戦に参戦したことでも知られている。この戦いは、ローマ教皇、ヴェネツィア、スペイン連合軍がギリシアのレパント沖でオスマン・トルコ軍に勝利した海戦である。セルバンテスは帰還途中にイスラームの海賊に襲われ、数年の捕虜生活を送った。この時セルバンテスを解放したのがこの三位一体会である。トラステヴェレのサン・クリゾーゴノなど、ローマにいくつか教会を持っている。

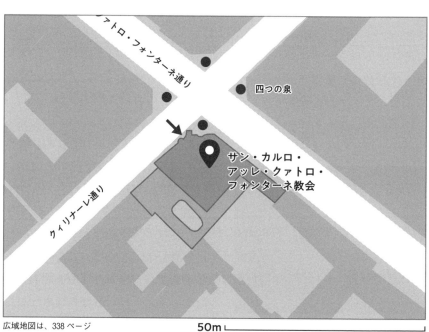

広域地図は、338ページ

284

第 9 章

バルベリーニ広場、スペイン階段周辺の教会

第9章　バルベリーニ広場、スペイン階段周辺の教会

1. サンタ・マリア・デッラ・コンチェツィオーネ
Santa Maria della Concezione

―――――――――――――――― *Via Veneto, 27*

サンタ・マリア・デッラ・コンチェツィオーネのファサード

　アンデルセンの『即興詩人』は、この北国の詩人がイタリアを舞台に描いた物語だが、バルベリーニ広場のシーンから始まる。広場の真ん中にある「トリトンの噴水」（トリトンはネプトゥヌス［ポセイドン］に仕える海神）は、バルベリーニ家のウルバヌス8世が1642－43年にベルニーニに造らせた噴水である。

　広場を睥睨するように立つのはバルベリーニ宮殿で、現在は国立絵画館になっている。中世から近世の傑作が多く所蔵され、特にラファエロの「フォルナリーナ」、クェンティン・マゼイス「ロッテルダムのエラスムス」、ハンス・ホルバインの「ヘンリー8世」、ティツィアーノ「ウェヌスとアドニス」、カラヴァッジョ「ユディトとホロフェルネス」「ナルキッソス」、グイド・レーニの「ベアトリーチェ・チェンチ」などの絵画、ベルニーニの「ウルバヌス8世」の彫刻など、素晴らしい作品がたくさんあるので、ぜひ訪れてほしい。バルベリーニ家のミツバチのマークもあちこちに見られる。

　バルベリーニ広場に戻って、広場の北東側に「ミツバチの噴水」がある。3匹のミツバチはもちろんバルベリーニ家の紋章である。この噴水の北側からは、マルチェッロ・マストロヤンニ主演、フェデリコ・フェリーニ監督の映画「甘い生活」（1960年）の舞台、ヴェネト通りが始まる。高級レストランなどの並ぶヴェネト通りの一角に、この教会はある。

　コンチェツィオーネ、より正確にはインマコラータ・コンチェツィオー

286

1. サンタ・マリア・デッラ・コンチェツィオーネ

ネとは、「無原罪の御宿り」、「無原罪の聖母」を意味する。教義化されたのは 1854 年だが、中世からある考え方で、例えば 17 世紀のスペインの画家ムリリョが好んで画題にしている。

蛇＝悪魔にそそのかされて、エバは善悪を知る木の実を手に取り、アダムにも食べさせた。この木の実を

祭壇画に描かれているのが「無原罪の聖母」のテーマである。

食べることは、神に禁じられていた。人類の始祖であるアダムとエバは神の命令に背いた（創世記 3・1-19）。この行為から人類には原罪が受け継がれていくことになった。人は誰でも原罪を背負っていることになる。

イエスは聖霊によって宿り、乙女マリアにおいて受胎した。イエスには原罪はない。一方で、無原罪の御宿りとは、永遠の乙女マリアも原罪から

広域地図は、341 ページ

第9章　バルベリーニ広場、スペイン階段周辺の教会

クリプタ入り口

免れていたということを意味している。すなわち、マリアは全能の神の恩恵によって、母聖アンナの胎内に宿った瞬間から原罪のすべての汚れから解放されていたということを示している。その祝日は12月8日に祝われる。イタリアをはじめ、この日が国民の祝日になっているカトリック国も多い。

　教会は17世紀前半に建てられた。バロック様式である。グイド・レーニの「大天使ミカエル」(右第1礼拝堂)、ドメニキーノの「聖痕を受けた聖フランチェスコ」(右第3礼拝堂) などのバロック絵画が飾られている。

　この教会には「クリプタ」と呼ばれる空間がある。厳密に言えば地下聖堂ではないが、このように呼びならわされてきた。ここは修道院墓地で、1528年から1870年までの四千名のカプチン会士の骨が壁面を覆っている。壁にはうずたかく骨が積まれ、天井も骨で装飾されている。ランプでさえも。某ガイドブックに失礼にも「死神」と書かれていたことがあったが、れっきとしたカプチン会の修道服である。

　カプチン会はフランシスコ会系の修道会で、アッシジの聖フランチェスコの原点に戻ろうということで16世紀に分離した。制服は茶色で、独特の頭巾 (カプッチョ) を持つ。コーヒーのカプチーノはこの修道服の色からきている。現在では前ほど厳格ではなくなったが、通常髭を生やすことになっている。

　カプチン会は、フランシスコ会 (小さき兄弟会、こげ茶の修道服)、コンベンツアル・フランシスコ会 (少し前までは黒い修道服だったが現在は灰色) と並んで、男子のフランシスカン・ファミリーを代表する修道会である。南イタリアのサン・ジョヴァンニ・ロトンドに墓があり、イタリアでもっとも人気の高い聖人の一人である聖ピオ神父もカプチン会士であった。

🏛 2. サンタンドレア・デッレ・フラッテ
Sant'Andrea delle Fratte

———————————————*Via Sant'Andrea delle Fratte, 1*

サンタンドレア・デッレ・フラッテはトリトーネ通りの少し北側にある。サン・シルヴェストロ広場にある中央郵便局前から東にまっすぐ行くか、スペイン広場からヴァティカン福音宣教省（スペイン広場の南端にある）の西側を通る道をまっすぐ行けば分かりやすいだろう。

フラッテという名前は、「デ・ホルティス（菜園の）」というのがなまったものらしい。アウレリアヌスの市壁内とはいえ、かつては畑や松林が広がる場所だったようだ。建物が多く建っている現在からは想像もつかないことだけれども。

サンタンドレア・デッレ・フラッテのファサード

教会は12世紀に創建された。現在の教会は17世紀に再建されたバロック教会である。

教会に入ると少し奇妙なことに気がつく。後ろの方の椅子が、主祭壇の方ではなく、左の方を向いているのである。そちらには奇跡の聖母礼拝堂がある。

1842年1月20日、アルフォンソ・ラティスボンナというユダヤ人がこの辺りを散策していた。大きなファサードの見事なこの教会を見て、アルフォンソは中に入ってみる気になった。教会の中に入ると、奇跡が起こっ

奇跡の聖母の祭壇

第9章　バルベリーニ広場、スペイン階段周辺の教会

ベルニーニの「天使」(右側)

た。聖母マリアが現れ、ほほ笑みながらこの男にひざまずくよう促したというのである。男がわれに返ると、聖母の姿は消えていた。その後アルフォンソは改宗し、洗礼を受けたという。この奇跡により、教会は奇跡の聖母聖所記念堂とも呼ばれる。

　身廊の前の両側に天使の像がある。もともとサンタンジェロ橋にあったもので、ベルニーニの作である。

　教会の右側に16世紀の回廊がある。ファサード側からも、教会内からも入ることができる。

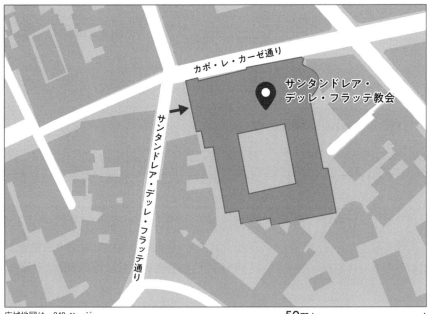

広域地図は、340ページ　　　　　　　　　50m

290

3. サンティッシマ・トリニタ・デイ・モンティ
Santissima Trinità dei Monti

———————————————— *Piazza Trinità dei Monti, 3*

スペイン階段の上に立つオベリスクと双子の塔の教会。教会そのものの建築や芸術作品よりも、あまりに有名なこのスペイン階段の真上に立っていることで、このサンティッシマ・トリニタ・デイ・モンティは世界的に有名になっている。

モンティとは言っても、この辺りはモンティ地区ではない。ピンチョ

トリニタ・デイ・モンティのファサードとオベリスク

の丘である。むしろ丘の上にあることから、「モンティ（山）」と呼ばれている。教会は至聖なる三位一体にささげられている。父なる神と、子なるキリストと聖霊、三つの位格を持ちながら唯一の神であるという三位一体の信仰はキリスト教の根幹をなすものである。

主祭壇

教会は、15世紀末にフランス王シャルル8世が建設を決め、フランス王ルイ12世が建設を続行するが、完成させたのは16世紀末の教皇シクストゥス5世であった。後期ルネサンス様式をしている。

ファサード（16世紀後半）はカルロ・マデルノ、入り口の階段（16世紀末）はドメニコ・フォンターナが担当した。有名な双子の塔は16世紀末のものである。教会前のオベリスクはホルティ・サッルスティアニという古代

第9章　バルベリーニ広場、スペイン階段周辺の教会

遺跡（教会からは東に1キロほどの所にある）から持ち出されたもので、18世紀末に建立された。

　右第6礼拝堂に「主の昇天」の絵がある。これは15世紀後半のもので、ペルジーノ派の作品である。

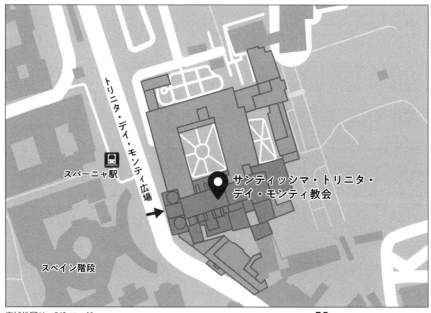

広域地図は、340ページ

第 10 章

その他の地域の教会

第10章　その他の地域の教会

🏠 1. サン・ジョヴァンニ・ア・ポルタ・ラティーナ
San Giovanni a Porta Latina

—————————————————— Via di Porta Latina, 17

アウレリアヌスの市壁には多くの門があるが、ラティーナ門はラティーナ街道の門である。チルコ・マッシモやカラカラ浴場から東に向かう。ヌマ・ポンピリオ広場を過ぎた先で、旧アッピア街道のサン・セバスティアーノ門通りと、ラティーナ門通りに分岐する。左側のラティーナ門通りをしばらく行けば、サン・ジョヴァンニ・ア・ポルタ・ラティーナ教会に着く。

サン・ジョヴァンニ・ア・ポルタ・ラティーナのファサード

教会はイエスの愛弟子、福音記者聖ヨハネにささげられている。伝承ではヨハネもローマに来たことがあった。ラティーナ門近くで油のたぎる鍋でフライにされそうになったが、奇跡により殉教せず、晩年にはパトモス島でヨハネの黙示録を書いたとされている。

ロマネスクの井戸

教会からさらに奥に行った、ラティーナ門手前には油で揚げられた聖ヨハネを記念して小さな礼拝堂が建てられている。5世紀に創建され、16世紀初めに再建された八角形の小さなサン・ジョヴァンニ・イン・オレオ祈禱堂である。ここはたまにしか開いていない。

教会の方に戻ろう。サン・ジョヴァンニ・ア・ポルタ・ラティーナは5世紀末に創建さ

1. サン・ジョヴァンニ・ア・ポルタ・ラティーナ

身廊上部の12世紀フレスコ

後陣のメノウの窓

れた。12世紀末に再建されたロマネスク教会が今の教会の基本形である。

教会前にはロマネスクの井戸がある。左手には12世紀のロマネスク鐘塔もある。教会のファサード下にはポルティコもある。

身廊上部とファサードの後ろ側に12世紀末のフレスコが残る。旧約聖

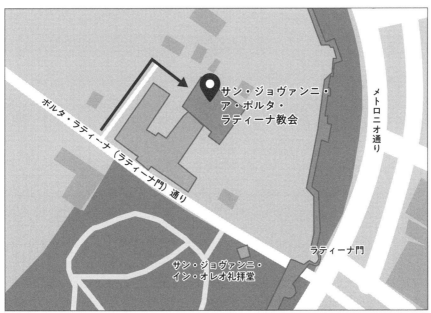

広域地図は、342ページ

295

書と新約聖書の諸情景を描いている。後陣上部のフレスコは四福音書のシンボルや黙示録の 24 人の長老たちである（後陣フレスコは近世のもの）。内陣の床にはコズマーティが残されている。奥の窓にはメノウがはめこまれている。

2. サンタニェーゼ・フオリ・レ・ムーラとサンタ・コスタンツァ
Sant'Agnese fuori le Mura, Santa Costanza

―――――――――――――――――― *Via Nomentana, 349*

サンタニェーゼのカタコンベでも触れた、ノメンターナ街道沿いにある教会である。地下鉄B1線のサンタニェーゼ・アンニバリアーノ駅が近い。あるいはピア門から徒歩で行くこともできるが、バスが頻繁に通っているので、この方面からはバスで行った方が行きやすい。

ナヴォーナ広場が聖アグネスの殉教を記念しているのに対し、こちらは聖アグネスの墓を記念している。342年、コンスタンティヌス1世の娘コンスタンティナが教会を創建し

サンタニェーゼ・フオリ・レ・ムーラのファサード

た。7世紀前半に教皇ホノリウス1世が再建し、その後も改装・修復が行われているが、初期キリスト教時代の雰囲気をよく残している。

ノメンターナ街道から入ると、長い階段を下りていくことになる。階段の壁にはカタコンベから出土した碑文などが飾ってある。

後陣には後陣モザイクは7世紀のもので、上に冠を手にした父なる神の手がある。中心に立つのは乙女殉教者聖アグネスである。その右側にいるのは教皇シンマクスで、6世紀前半に教会の改築を行った人物である。左側で教会のモデルを手にして

サンタニェーゼ・フオリ・レ・ムーラの後陣モザイク

第10章 その他の地域の教会

いる人物は、教会の再建者でモザイクの制作を命じた人でもある教皇ホノリウス1世である。

後陣アーチのフレスコは17世紀初めの作品で、聖アグネスの殉教を描いている。このフレスコは19世紀半ばに修復されている。

後陣に置かれている聖アグネスの像は17世紀初め、フランス人彫刻家ニコラ・コルディエの作品である。後陣に置かれている司教座は7世紀のものである。主祭壇の上にある天蓋は13世紀のものだが、17世紀前半に造り直されている。

教会にはクリプタがある（右側廊奥より入る）。ここには聖アグネスと、聖エメレンティアナ（アグネスの乳母の子で、石を打ちつけられて殉教した）の墓がある。

カタコンベの項で紹介したように、この教会の地下にはカタコンベがある。教会前の切符売り場が入り口である。

ノメンターナ街道沿いからは15世紀の鐘塔が見える。昔の巡礼はノメ

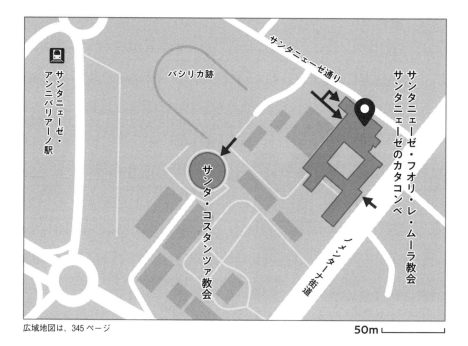

広域地図は、345ページ

2. サンタニェーゼ・フオリ・レ・ムーラとサンタ・コスタンツァ

ンターナ街道から直接教会に入ったようで、教会内のマトロネウム（婦人用通廊）と呼ばれる二階部分は、かつては巡礼によって使われていたらしい。

アグネスの祝日は1月21日である。聖アグネスの祝日の祭儀の中で祝別された子羊の羊毛で、パリウム

サンタ・コスタンツァのバシリカ遺構

（教皇や管区大司教の用いる帯状の肩覆い）が織られるという伝統がある。織り上がったパリウムは、サン・ピエトロ大聖堂のパリウムの壁龕(へきがん)に安置され、必要があった時に管区大司教に贈られる。

サンタ・コスタンツァのファサード

教会の同じ敷地内にはサンタ・コスタンツァのバシリカの遺構がある。4世紀前半に創建され、ホノリウス1世が再建したが、現在では廃虚となっている。

サンタ・コスタンツァ教会は、このバシリカに付属した、コンスタンティヌス1世の娘コンスタンティナ（354年没）とヘレナ（360年没）の霊廟として建設された。13世紀半ばに教会堂に転用されたが、建築も装飾もその

サンタ・コスタンツァの天井モザイク

サンタ・コスタンツァの天井モザイク

299

第10章　その他の地域の教会

サンタ・コスタンツァのモザイク「トラディティオ・レギス（法の引き渡し）」

まま残された帝政後期のローマ建築である。

　円形プランのこの教会の天井には、4世紀のモザイクがそのまま残されている。緑色を基調とし、幾何学文様や動植物、人の顔などが描かれている。実にきれいな古代のモザイクが一周全部残っているのを見るのは壮観である。

　右の後陣モザイク（7世紀）は、髭のあるキリストがペトロに巻物を渡すシーンを描いたモザイクで、4世紀のものである。もともとは鍵（天国の鍵）を渡すシーンであった。周囲にはナツメヤシがたくさん生えている。モザイクの周囲を豊かさの象徴である果実の枝の輪が囲んでいる。

　左の後陣のモザイク（7世紀）は「トラディティオ・レギス（法の引き渡し）」と言う。イエスがペトロに巻物（＝法）を手渡すシーンである。こちらのイエスはより若々しい。足元には子羊が何匹もいて、まるでよき牧者のようである。ペトロは逆に老人である。イエスがペトロに渡している巻物には「ドミヌス・パケム・ダット（主は平和を与える）」と書かれており、法の引き渡しというより、平和を渡している。左にいるのは聖パウロである。両側に建物（教会堂であろうか）とナツメヤシがあり、周囲を果物の輪が囲んでいる。

　奥にある大きな石棺は実はレプリカである。本物のコンスタンティナの石棺はヴァティカン博物館内にある。

　他の壁龕には15-17世紀のフレスコの跡が残る。クーポラの天井には17世紀前半のフレスコ「キリストと天使の合唱」が描かれている。

300

🏠 *3.* ドミネ・クォ・ヴァディス
Domine quo vadis?

——————————————————— *Via Appia Antica, 51*

アッピア街道はサン・セバスティアーナ門（アッピア門）から出る。アウレリアヌスの市壁ができたのは3世紀後半なので、本来は現在のチルコ・マッシモ付近にあったカペーナ門から出ていた。共和政ローマのアッピウス・クラウディウス・カイエクスが前312年に建設したローマ軍道で、当初はカプアまでの道路であったが、その後ブリンディシまで延長された。時々勘違いする人がいるが、ナポリまでの道路ではない。ブリンディシを経てギリシアまで船で行くための道路である。

ドミネ・クォ・ヴァディスのファサード

　主要街道沿いには異教時代から墓地が設けられることが多かった。衛生上、市壁内には死者を葬ることができなかったからである。アッピア街道ともなれば十数キロにわたってさまざまな墓が続いている。

　罪人の処刑が街道沿いで行われることもあった。前73－前71年にスパルタクスの反乱が起こった。スパルタクスは剣闘士、すなわち円形闘技場で人間や野獣相手に戦う奴隷であった。前71年にこの反乱が鎮圧されると、叛徒(はんと)たちは磔(はりつけ)の刑に処されたのだが、その十字架の列は、アッピア街道沿いに数百キロも続いたと言う。

　キリストも受けたこの磔の刑は、悲惨で苦痛の大きいものであった。木の十字架につけられ、手と足に大きな釘を打ちつけられる。通常死ぬまでには数日かかったというから、その苦痛はいかほどばかりであろうか。イエスの場合は、百人隊長ロンギヌスが脇腹に槍で突き刺して死に至らせた

第10章　その他の地域の教会

のであるが（このロンギヌスは後に洗礼を受けて殉教したという伝承もある）。

　ローマ市民権を持つ者は斬首されたが、磔刑は奴隷のような身分の低い者だけに行われた。栄光のうちにメシアとなるべき人がこのような悲惨な刑で死ななければならないとは、弟子たちの悲嘆と落胆の気持ちはいかほどであったろうか。

　サン・セバスティアーノ門からアッピア街道をしばらく行くと、アルデア街道との分岐点がある。この場所は、サン・カリストのカタコンベへの入り口の一つともなっている。この場所に、使徒聖ペトロに関わる、ある伝承がある。サン・セバスティアーノ教会のところでも言及した、クォ・ヴァディス伝説である。

　ネロ帝の迫害時代、使徒ペトロは自分の身に危険が及ぶのを察知した。そのため、ローマから逃げようとしてアッピア街道を南に向かって歩いていた。しばらく行った地点で、ペトロは反対側から歩いてくるイエスの姿を見た。ペトロは思わず尋ねた。「どこへ行かれるのですか、主よ（クォ・

広域地図は、342 ページ

ヴァディス・ドミネ）？」

イエスは答えた。「再び十字架にかけられるためにローマに向かうのです」。ペトロは自分が逃げようとしたのを恥じた。イエスが逮捕された時、イエスを3度否認した（マタイによる福音書26・69-75、マルコによる福音書14・66-72、ルカによる福音書22・54-62、ヨハネによる福音書18・15-18と15・24-27）ことも頭をよぎったかもしれない。ペトロはローマに戻った。そして逮捕された。イエスと同じ方法で処刑されるのは恐れ多いと、頭を逆さまにして処刑された。

「イエスの足跡」

別名をサンタ・マリア・イン・パルミスと言う。「パルミス」は殉教者のしるしの「なつめやし（棕櫚）」なのだろう。教会はすでに9世紀にあった。現在の教会は1620年に再建されたバロック教会である。

主祭壇の聖母子フレスコは14世紀のもので、「通過の聖母」と呼ばれている。教会の床にある大理石はキリストの足跡とされているが、本物の石はサン・セバスティアーノにある上に、その本物の石も、紀元前に異教神殿にささげられた奉納物である。教会入り口左側に『クォ・ヴァディス』の小説を書いたポーランドのノーベル文学者シェンキェーヴィチの像もある。

4. トレ・フォンターネ大修道院
Abbazia di Tre Fontane: Santi Vincenzo e Anastasio, Santa Maria Scala Coeli, Martirio di S. Paolo

―――― Via Acque Salvie, 1

　使徒聖ペトロはヴァティカンの競技場で逆さ十字に遭って殉教したが、一方聖パウロはラウレンティーナ街道沿いで斬首されて殉教した。その使徒パウロの殉教の地がトレ・フォンターネである。「3つの泉」という名前は、パウロの切られた頭部がはねて3度地面につき、それぞれの場所から泉が湧いたとの伝承からきている。

　パウロ殉教の場所には、発掘調査によれば3世紀にはすでにキリスト教墓地があったと言う。4-5世紀以降、この場所は使徒聖パウロの記憶に強く結び付けられていくことになる。

　トレ・フォンターネへは、地下鉄B線の南の終点であるラウレンティーナから1キロほど歩いていけば着く。駅を出て、ラウレンティーナ街道を北側に行けばよい。サン・パオロ・フオリ・レ・ムーラ教会近くのプラチド・リッカルディ広場（B線およびオスティア線のサン・パオロ・バシリカ駅からオスティア街道を渡った反対側）からバスに乗ってもよい。

　トレ・フォンターネは現在トラピスト会の大修道院である。トラピスト会とは、厳律シトー会のことである。シトー会は1098年に改革ベネディクト会として創立された。ベネディクト会が黒い修道服なのに対し、シトー会は白い修道服に黒いスカプラリオ（肩衣、細い前掛けのようなもの）を身に着ける。シトー会のうち、17世紀後半にフランスのトラップ修道院の改革を受け、厳格に戒律を守るものをトラピスト会と言う。

　トラピスト会は、日本では男子が北海道函館近郊の当別（北斗市）と大分の日出、女子（トラピスチヌと言う）が函館、那須、西宮、伊万里、宇佐に修道院を持っている。バターやクッキーなどでその名を聞いた人も多い

4. トレ・フォンターネ大修道院

だろう。なお、世界的に見ればシトー会の方が数は多いが、日本にあるのはトラピスト会のみである。

大修道院の門はカール大帝の門と呼ばれる。8-9世紀に建設された。正面側の門の上には13世紀の浮き彫り「王座の聖母子」がはめこまれている。アーチの下には12世紀の「カール大帝の生涯」などのフレスコが描かれている。

トレ・フォンターネ大修道院の門

トレ・フォンターネには三つ教会があるが、修道院教会はサンティ・ヴィンチェンツォ・エ・アナスタシオである。教会は7世紀前半に教皇ホノリウス1世によって創建された。12世紀前半にシトー会の所有となり、シトー会士たちは教会の再建を行った。教会は13世紀前半に完成した。シトー会様式のロマネスク教会である。

広域地図は、347ページ

第10章　その他の地域の教会

サンティ・ヴィンチェンツォ・エ・アナスタシオのファサード

サンティ・ヴィンチェンツォ・エ・アナスタシオ内部は簡素で力強いシトー会様式をしている。

　シトー会は独特の建築様式を持っていた。クリュニー修道院のような豪華な教会建築ではなく、簡素で重厚な建築を好んだ。シトー会発展の功労者であるクレルヴォーの聖ベルナルドゥスは「われわれの教会を飾るあの怪物たちはいったい何だ」と叫ぶ。12世紀のロマネスク教会はそのような怪物の浮き彫りや彫刻でいっぱいだった。ベルナルドゥスはそうしたごてごてした装飾は廃し、建築を典礼に特化させた。シトー会建築では、鐘塔を設けることは禁じられていた（近世になってからは鐘塔の代わりにクーポラを設けるようになったが）。鐘塔は高さや美しさを競って多くの教会に設けられていたが、ベルナルドゥスにとっては奢侈の象徴で、シトー修道院教会には必要ないと思われたのである。

　シトー会建築と言うと、ローマ郊外のフォッサノーヴァ、カザマリ、ヴァルヴィショロの大修道院、シエナ郊外のサン・ガルガーノ大修道院（現在は屋根が落ちて廃虚になっている）などのシトー会ゴティック様式が有名である。これらの教会は大きなバラ窓を備えるが、内部は至って簡素である。壁画も無いわけではないが、あまり目立たない。サンティ・ヴィンチェンツォ・エ・アナスタシオはゴティック期より古く、ロマネスク様式であるが、一目でシトー会と分かる様相をしている。

　レンガ製のファサードの下には、13世紀のポルティコがある。中に入ると、太いレンガの柱がずっしりと重い。いくつかの柱には16世紀のラ

4. トレ・フォンターネ大修道院

ファエロ風のフレスコがあるが、それを除くと実に簡素である。

二つ目の教会はサンタ・マリア・スカーラ・チェリである。「天への梯子の聖マリア」という意味である。7世紀の礼拝堂が起源であるが、16世紀後半に建築家ジャコモ・デッラ・ポルタによって再建された後期ルネサンス教会である。

教会の名前はクレルヴォーの聖ベルナルドゥスの幻視に基づいている。聖人が1138年にトレ・フォンターネに滞在していた時、煉獄の魂が天へと梯子を上っていく夢を見た。

サンタ・マリア・スカーラ・チェリのファサード

煉獄とは、死後まっすぐに天に行くことはできないけれども、地獄に落ちるような罪を犯していない魂が浄めを受ける場所である。ダンテの『神曲』を読めば、中世人の考えていた煉獄のイメージが湧くだろう。浄めは大抵の場合、気の遠くなるような長い時間が必要だが、死者に対するミサなどでその期間を短くすることができると考えられていた。ベルナルドゥスは、煉獄での浄めを終えて天への梯子を上っていく魂を見たのである。

教会の後陣のモザイクは16世紀末のものである。「諸聖人、クレメンス8世とその甥ピエトロ・アルドブランディーニ」を描いている。

サンタ・マリア・スカーラ・チェリのクリプタ

地下にはクリプタがある。聖パウロの牢獄とされている。中にはルネサンス期の祭壇やコズマーティ装飾がある。

いちばん奥にある三つ目の教会がマルティリオ・ディ・サン・パオロである。パウロの殉教の場を記念する。5世紀で、発掘で6－7世紀の教会の床も見つかっているが現在の

307

第10章　その他の地域の教会

マルティリオ・ディ・サン・パオロのファサード

マルティリオ・ディ・サン・パオロ、使徒聖パウロの殉教の場所

教会は16世紀末－17世紀初頭にジャコモ・デッラ・ポルタが再建した後期ルネサンス教会である。

奥に3つの祭壇があるが、これはパウロが斬首されたときに首が3度はねて地に着いたことを示す。それぞれの場所から水が湧いて、泉ができたと伝えられている。

教会の床にモザイクがある。オスティア遺跡から移された古代のモザイクで、「四季の擬人化」や幾何学文様モザイクである。左袖廊にある祭壇画は「ペトロの殉教」で、グイド・レーニの作品の古いコピーである。

修道院には売店、本屋、バールなどいろいろお店があるので、のぞいていくといいだろう。修道院製品や修道院で作っている工芸品などもある。チョコレートやお酒などもある。

5. ディヴィノ・アモーレ聖所記念堂
Santuario di Divino Amore

———————————————————— *Via del Santuario, 10*

ディヴィノ・アモーレ聖所記念堂は、イタリア国外ではあまり知名度がないかもしれない。だが、ディヴィノ・アモーレ聖所記念堂はローマの保護者とされており、地元のローマの人たちにはとても愛されている教会である。

旧聖堂のファサード

「神の愛」という名前を冠するこの聖所記念堂は、ローマの南東郊外、アルデア（アルデアティーナ）街道沿いにある。後述するように徒歩の巡礼もあるが、バスならサン・ジョヴァンニ・イン・ラテラノ教会近くからも出ている。

1740年のこと、ある巡礼者がアルデア街道を歩いていたところ、突然どう猛な犬に襲われた。巡礼は命の危険を感じ、近くにあった塔の聖母の絵にすがった。すると奇跡が起こり、犬はこの巡礼を攻撃するのをやめ、命が助かったという。この話が評判を呼び、奇跡のうわさが広がった。そして1744年に聖所を記念する教会が建てられた。

ディヴィノ・アモーレ聖所記念堂、奇跡が起こったレヴァ城の塔

もともとは近くのレヴァ城の中央の塔（13世紀）にあった14世紀の「神の愛の聖母」の絵は、現在教会の中に移されている。教会のクリプタは1947年に造られた部分である。

309

第10章　その他の地域の教会

「神の愛の聖母」のフレスコ
（14世紀）

　こちらの教会を旧聖堂と呼ぶが、もう一つ新しい聖堂もある。1987－1999年に建設された現代の教会である。

　第二次世界大戦中イタリアはドイツ、日本と同盟を結ぶ枢軸国であった。1943年にイタリア王国は英米などの連合国軍に降伏する。イタリアの降伏後、イタリアは旧同盟軍であったドイツ軍に占領された。1944年6月4日、ローマはナチス占領から解放されることになるが（ロベルト・ロッセリーニの映画「無防備都市」はこの時代を描写する）、この時教皇ピウス12世はローマ市民たちと一緒になって、ローマの街が守られたことに感謝して、ディヴィノ・アモーレに新しい教会を建てることを誓った。ピウス12世の存命中に教会の建設を実現することはできなかった

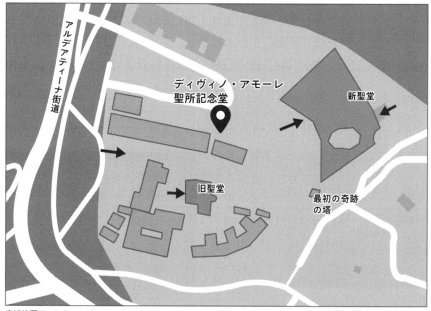

広域地図は、349ページ　　　　　　　　　　　　　50m

310

が、ヨハネ・パウロ 2 世がようやくこの教会を建設した。

　扇形をしたこの新聖堂は、巡礼団が来た時でもない限り、平日はがらんとしている。奇跡の聖母は旧聖堂にあるし、平日のミサもそちらで行われるためである。日曜のミサは双方で行われる。

新聖堂

　復活祭の後から 10 月末まで、毎週土曜日にこの聖所記念堂までの徹夜での巡礼が行われる。夜の 12 時にチルコ・マッシモに近いカペーナ門広場を出発し、徒歩で祈りながらゆっくり歩く。時間をかけ、翌朝早朝 5 時頃聖所記念堂に到着する。そのため、巡礼の行われる時期は、土曜に限って教会は早朝から開いている。

おわりに

　古来、ローマは多くの人をひきつけてきた。現在でも、世界中から観光客が押し寄せる。コロナ渦の間は一時期途絶えたが、日本からローマを訪れる人も毎年たくさんいる。何に引き寄せられるのか。それは人さまざまであろう。

　教会巡りはローマ観光の目玉の一つとなっている。この教会巡りの道しるべとなることを願って——シクストゥス5世のオベリスクのように——、本書は執筆された。

　教会は芸術作品であるとともに、信仰の遺産でもある。それぞれの教会の項目においては、キリスト教の巡礼だけでなく一般の観光客にもなるべく分かりやすいように、芸術的、歴史的な背景だけではなく、宗教的な背景も説明しようと努めた。教会建築がどういった意味を持つのか理解することで、よりよく教会を味わうことができると思うからである。

　耳をすませばモニュメントが語りかけてくる。石や、レンガや、漆喰は無機的に見えても、何百年も、何千年も人の営みを見てきた。ふと足を止めて、語るところを聞いてみよう。フレスコやモザイクの絵はなんと雄弁なことか。建築にどれだけの歴史が詰まっていることだろうか。

　大きな教会の豪華な装飾に圧倒され、あるいは地元の人の信仰を集める小さな教会に心を打たれる。いろいろな楽しみ方があっていい。

　疲れたら過去との対話はやめて、木陰で休んだり、ジェラートをほおばったりすればいい。日が暮れたら、いつまでも暮れなずむ濃い群青のローマの夜空を眺めながら、オレンジ色の街灯の下をそぞろ歩きするのもいいだろう。

　ローマは美しい。それは個々のモニュメントについて言っているのではなく、総体として美しい。何もかもが非効率で、すべてが適当なローマ、快適な現代の日本の生活に慣れきっている私たちにとってはストレスを覚えるかもしれないが、それを含めても美しい。

おわりに

　教会に限らず、モニュメントに限らず、ローマの美しさをぜひ味わってほしい。教会建築はローマの美しさの一部分でしかないが、その一端を提示することで、ローマのすばらしさを少しでも伝えることができればと思っている。

索 引

カタコンベ……………………………64
キエーザ・ヌオーヴァ………………211
サン・カルロ・アッレ・クァトロ・
　フォンターネ………………………283
サン・クリゾーゴノ……………………85
サン・クレメンテ……………………157
サン・サーバ…………………………266
サン・ジョヴァンニ・ア・ポルタ・
　ラティーナ…………………………294
サン・ジョヴァンニ・イン・ラテラノ
　………………………………………37
サン・ジョルジョ・イン・ヴェラー
　ブロ…………………………………239
サン・セバスティアーノ………………58
サン・ニコラ・イン・カルチェレ…242
サン・パオロ・フオリ・レ・ムーラ 45
サン・バルトロメオ・アッリゾラ…246
サン・ピエトロ…………………………26
サン・ピエトロ・イン・ヴィンコリ
　………………………………………224
サン・ピエトロ・イン・モントーリオ
　………………………………………104
サン・フランチェスコ・ア・リパ…92
サン・ベネデット・イン・ピシヌーラ
　………………………………………96
サン・マルコ…………………………108
サン・マルチェッロ…………………131
サン・マルティーノ・アイ・モンティ
　………………………………………229
サン・ルイージ・デイ・フラン
　チェージ……………………………199
サン・ロレンツォ・イン・ダマソ…208

サン・ロレンツォ・フオリ・レ・
　ムーラ…………………………………55
サンタ・クローチェ・イン・ジェル
　サレンメ………………………………61
サンタ・コスタンツァ→サンタ
　ニェーゼ・フオリ・レ・ムーラと
　サンタ・コスタンツァ……………297
サンタ・サビーナ……………………249
サンタ・スザンナ……………………276
サンタ・チェチリア・イン・トラス
　テヴェレ………………………………88
サンタ・ビビアーナ…………………270
サンタ・プデンツィアーナ…………221
サンタ・プラッセーデ………………216
サンタ・フランチェスカ・ロマーナ
　………………………………………150
サンタ・プリスカ……………………263
サンタ・マリア・イン・アラチェリ
　………………………………………112
サンタ・マリア・イン・ヴィア・
　ラータ………………………………129
サンタ・マリア・イン・コズメディン
　………………………………………236
サンタ・マリア・イン・ドミニカ…169
サンタ・マリア・イン・トラステ
　ヴェレ…………………………………80
サンタ・マリア・イン・モンテサン
　ト→ポポロ広場の双子教会………140
サンタ・マリア・スカーラ・チェリ
　→トレ・フォンターネ大修道院…304
サンタ・マリア・ソプラ・ミネルヴァ
　………………………………………183

索 引

サンタ・マリア・デイ・ミラコリ→
　ポポロ広場の双子教会 ……………140
サンタ・マリア・ディ・ロレート→
　トラヤヌス記念柱そばの姉妹教会
　……………………………………117
サンタ・マリア・デッラ・ヴィット
　リア ………………………………278
サンタ・マリア・デッラ・コンチェ
　ツィオーネ ………………………286
サンタ・マリア・デッラ・パーチェ
　……………………………………202
サンタ・マリア・デッロルト ………100
サンタ・マリア・デリ・アンジェリ
　……………………………………272
サンタ・マリア・デル・ポポロ ……143
サンタ・マリア・マッジョーレ ………50
サンタゴスティーノ …………………195
サンタニェーゼ・イン・アゴーネ …192
サンタニェーゼ・フオリ・レ・ムー
　ラ→サンタニェーゼ・フオリ・
　レ・ムーラとサンタ・コスタン
　ツァ ………………………………297
サンタニェーゼ・フオリ・レ・ムー
　ラとサンタ・コスタンツァ ……297
サンタレッシオ ………………………254
サンタンセルモ ………………………257
サンタンドレア・アル・クィリナーレ
　……………………………………281
サンタンドレア・デッラ・ヴァッレ
　……………………………………204
サンタンドレア・デッレ・フラッテ
　……………………………………289
サンティ・アポストリ ………………125

サンティ・アンブロージョ・エ・カ
　ルロ・アル・コルソ ……………136
サンティ・ヴィンチェンツォ・エ・
　アナスタシオ→トレ・フォンター
　ネ大修道院 ………………………304
サンティ・クァトロ・コロナーティ
　……………………………………162
サンティ・コズマ・エ・ダミアーノ
　……………………………………153
サンティ・ジョヴァンニ・エ・パオロ
　……………………………………172
サンティッシマ・トリニタ・デイ・
　モンティ …………………………291
サンティッシモ・ノーメ・ディ・マ
　リア→トラヤヌス記念柱そばの姉
　妹教会 ……………………………117
サンティニャツィオ・ディ・ロヨラ
　……………………………………133
サント・ステファノ・ロトンド ……166
ジェズー ………………………………120
スカーラ・サンタ→サン・ジョヴァ
　ンニ・イン・ラテラノ ……………37
ディヴィノ・アモーレ聖所記念堂 …309
ドミネ・クォ・ヴァディス …………301
トラヤヌス記念柱そばの姉妹教会 …117
トレ・フォンターネ大修道院 ………304
パンテオン ……………………………178
ポポロ広場の双子教会 ………………140
マッダレーナ …………………………188
マドンナ・デイ・モンティ …………232
マルティリオ・ディ・サン・パオロ
　→トレ・フォンターネ大修道院 …304
ラテラノ洗礼堂→サン・ジョヴァン
　ニ・イン・ラテラノ ………………37

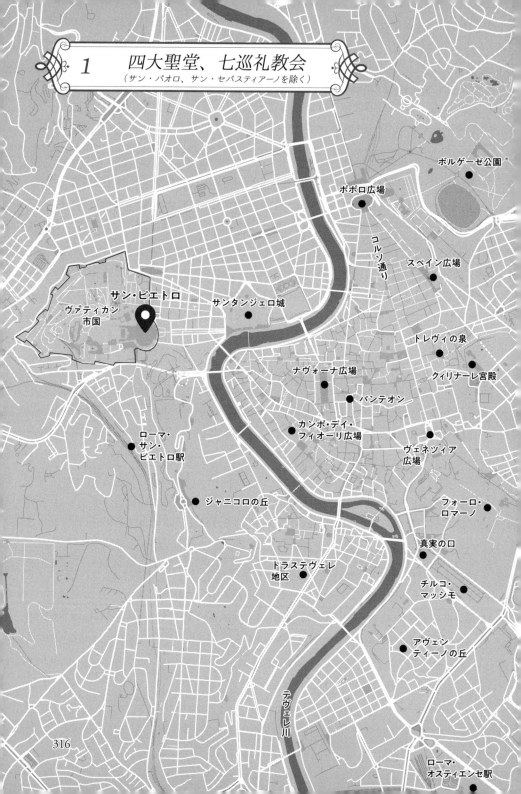

2 四大聖堂、七巡礼教会
（サン・パオロ、サン・セバスティアーノ）

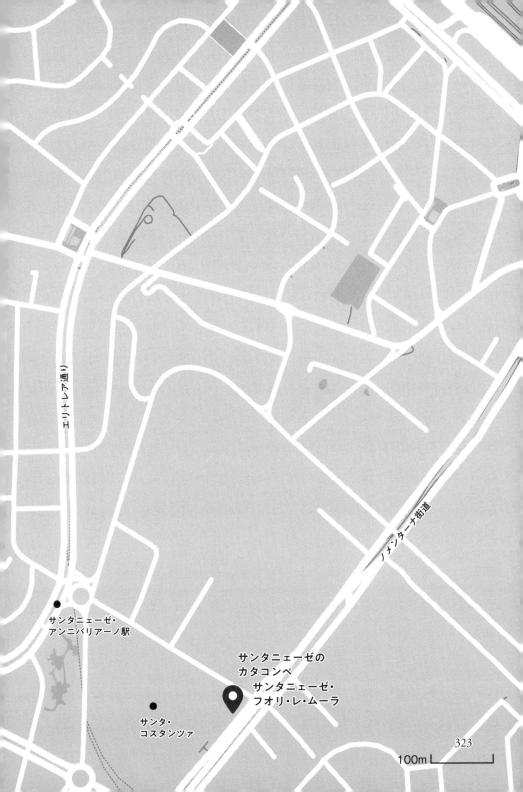

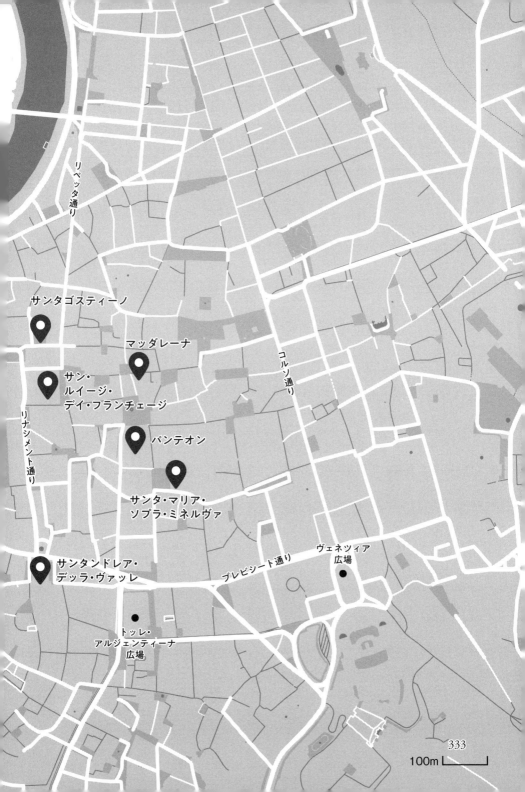

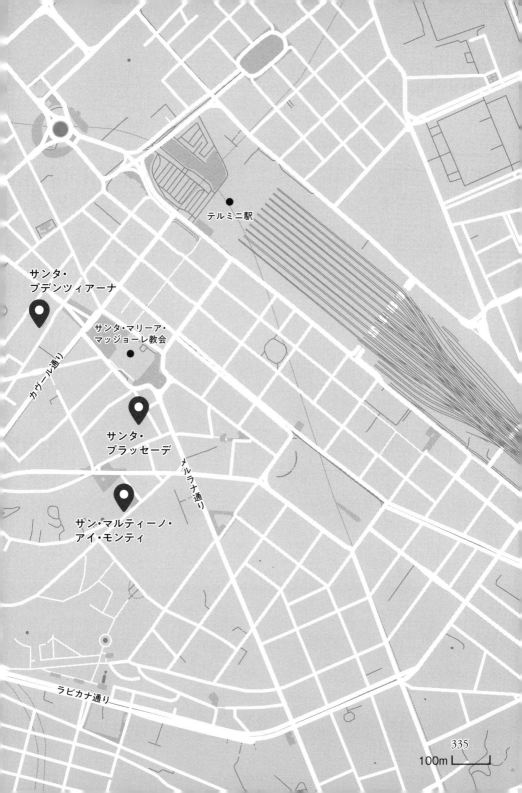

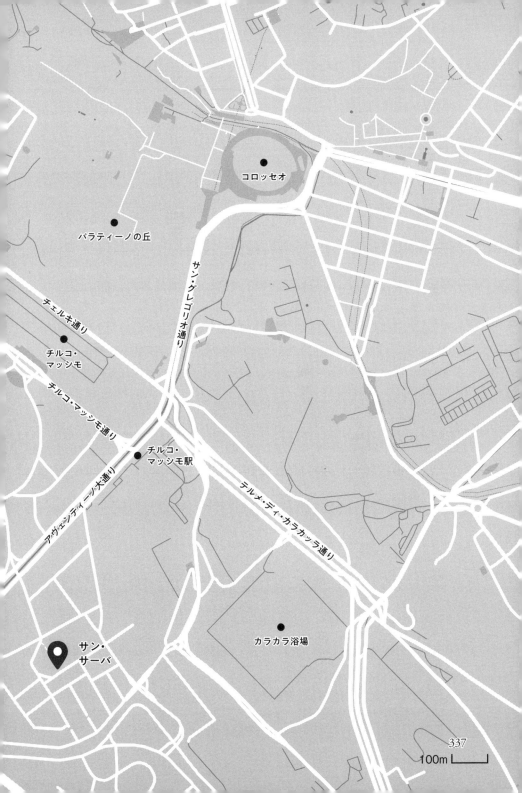

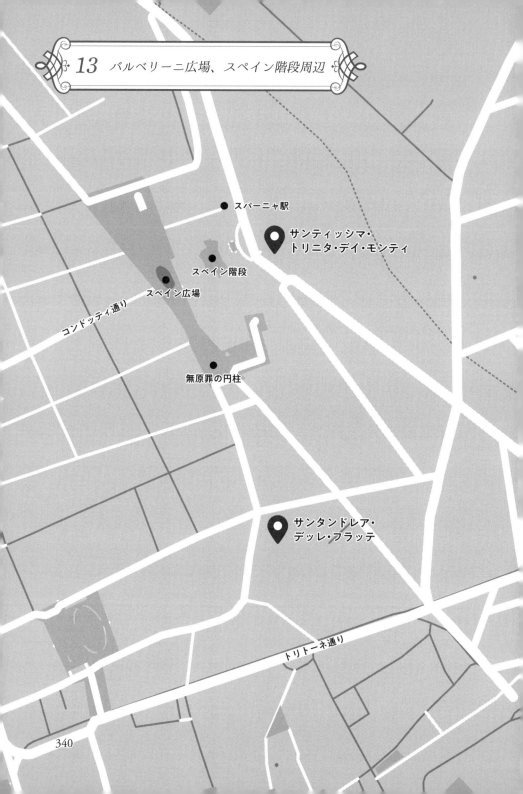

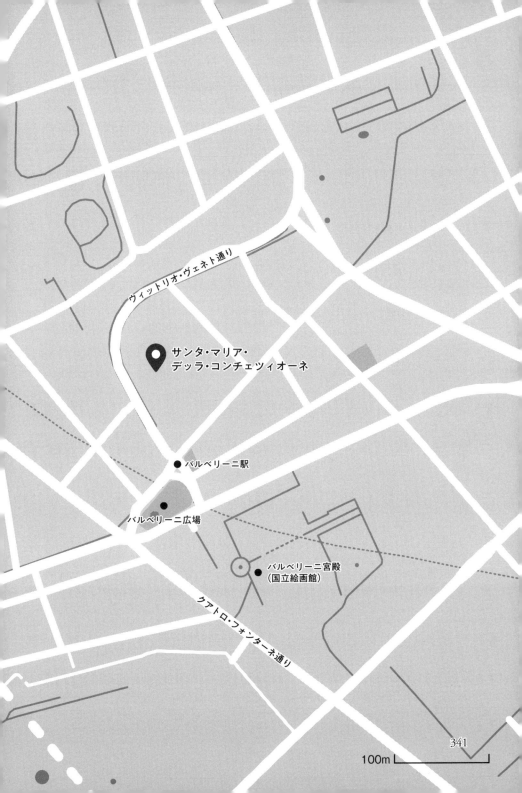

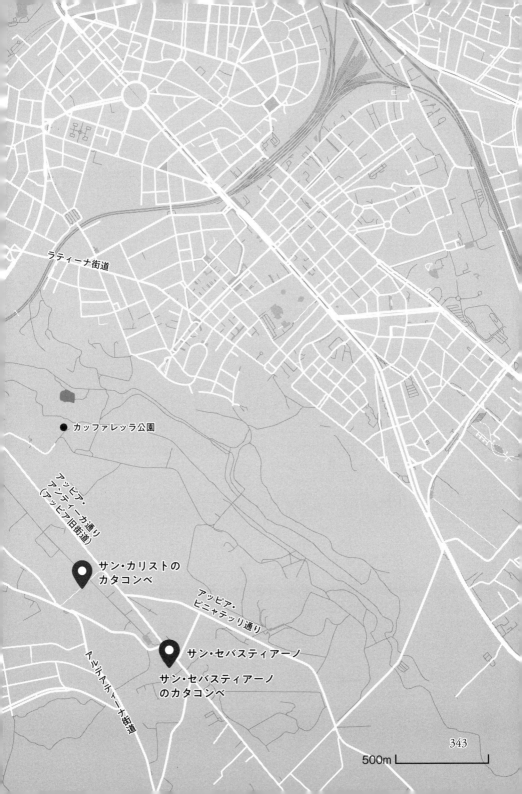

16　トレ・フォンターネ

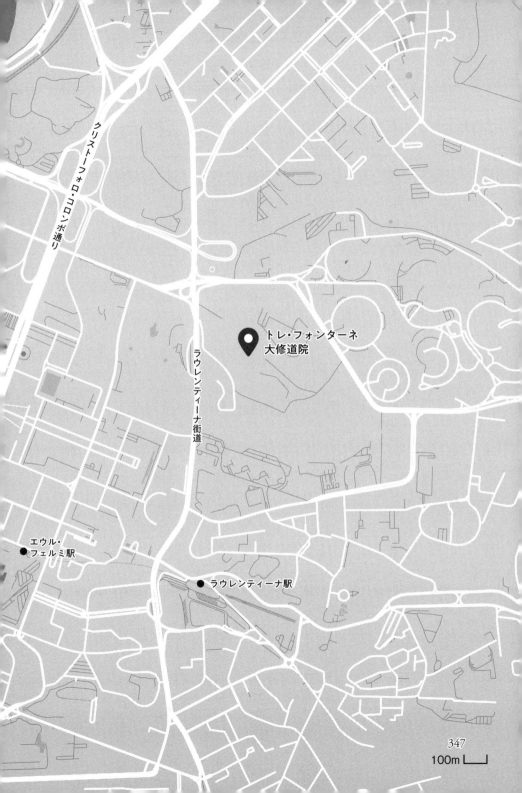

17　ディヴィノ・アモーレ聖所記念堂

著者略歴　髙久　充（たかく　みつる）

1978 年　茨城県生まれ。
2000 年　筑波大学第一学群人文学類（ヨーロッパ史）卒業。
2003 年　上智大学文学研究科史学専攻博士前期課程（西洋史）修了。
2006 年　教皇庁立グレゴリアナ大学教会史学部修士課程修了。
2012 年　上智大学文学研究科史学専攻博士後期課程（西洋史）単位取得退学。
2019 年 9 月　教皇庁立グレゴリアナ大学教会史学部博士課程単位取得退学。
2016 年から 2024 年まで東京大学史料編纂所学術専門職員。現在翻訳者・イエスのカリタス修道女会東京歴史記録保管所顧問・東京 YMCA 国際ホテル専門学校非常勤講師（イタリア語）。

著書
『移動する聖所—エマウスの歴史的変遷』（豊田浩志編著『神は細部に宿り給う—上智大学西洋古代史の 20 年』、南窓社、2008 年所収）／『ポルトガル・トルレ・ド・トンボ国立公文書館所蔵「モンスーン文書」の研究と目録（vol.1-vol.30）』（研究分担者岡美穂子）、東京大学史料編纂所、2019 年（共著）／『聖地巡礼ガイド—イエス・キリストの足跡をたどる』、サンパウロ、2020 年がある。

訳書
「ピウス 2 世『覚え書第八巻』」（池上俊一監修『原典イタリア・ルネサンス人文主義』、名古屋大学出版会、2010 年所収）／使徒座裁判所ローマ控訴院、『自発教令「寛容な裁判官、主イエス」適用のための手引』、教友社、2016 年（共訳）／田中昇編、『カトリック教会における婚姻—司牧の課題と指針—』、教友社、2017 年（共訳）／田中昇編、『カトリック教会の婚姻無効訴訟　ローマ控訴院の判例とその適用』、フリープレス、2020 年（共訳）／阿部仲麻呂、田中昇編、『カトリック教会は刷新できるか』、教友社、2023 年（共訳）／教皇庁保健医療従事者評議会、『生命倫理についての新しい指針　いのちと健康に奉仕するすべての人に向けて』（社会医療法人雪の聖母会聖マリア病院監修）、インターメディカ、2024 年（共訳）などがある。

霊名はピオ（教皇ピウス 1 世）。2004 年より 2013 年までローマ・カトリック日本人会世話役を務めた。

ローマの教会巡礼ガイド
ECCLESIARVM ROMANARVM DESCRIPTIO

著　者──髙久　充

発行所──サンパウロ

〒160-0011　東京都新宿区若葉 1-16-12
宣教推進部（版元）　Tel.(03)3359-0451　Fax.(03)3351-9534
宣教企画編集部　　Tel.(03)3357-6498　Fax.(03)3357-6408

印刷所──日本ハイコム㈱
2024年12月8日　初版発行

©Mitsuru Takaku 2024　Printed in Japan
ISBN978-4-8056-9614-9 C0026（日キ販）
落丁・乱丁はおとりかえいたします。